로컬콘텐츠와
컬처 매핑

문화콘텐츠학 총서 007

로컬콘텐츠와 컬처 매핑

디지털 사회를 이해하는 소통의 플랫폼, 지도

박치완 · 김기홍 · 신정아 지음

HU:iNE

이 도서는 2017년 HUFS 특성화 사업의 지원을 받은 도서입니다.

머리말

인간은 장소적 존재다. 장소를 떠난 존재는 죽은 존재나 다름없다. 장소는 개인에게 마음의 고향이고 가족의 이야기며, 집단에게 역사이고 문화의 전통이다. 그런데 산업화, 도시화가 진행되면서 고향이 사라지고 역사가 지워지고 있다. 이러한 변화는 대한민국만 겪는 일이 아니며, 지구촌의 많은 로컬들이 직면하고 있는 현실이다.

하지만 문화적 토양이자 존재의 기원인 장소에 대한 갈망은 변화를 초래하는 힘보다 강력하다. 시지포스처럼 무용한 일로 여겨지는 것일지라도 사람들은 그것이 자신의 존재를 위협하는 일이라면 물러서지 않는다. 이것이 인간의 자기표현(self-expression) 논리다. 자기를 표현한다는 것은 자신의 지리적 소속을 함께 표현하다는 말이다. 서울사람은 제주도사람이 아니다. 이문동사람은 청담동사람이 아니다. 이런 점에서 장소와 그 속에서 살아가는 인간은 균질적일 수 없다. 장소는 결국 개인으로 치자면 개성의 표현이기도 한 것이다.

우리가 우리의 삶의 장소, 즉 고향, 동네, 마을을 사랑하지 않을 수 없는 이유가 여기에 있다. 본 교재는 이러한 문제의식 하에 그 중요성이 커지고 있는 로컬콘텐츠와 전자지도기술 활용에 관한 내용을 담았다. 특히 컬처 매핑(Cultural Mapping)을 소개하는 것이 주된 목적으로서, 이는 지역공동체 구성원들이 전자지도기술을 활용하여 지역의 정체성을 드러내는 한 방식으로 최근 조명을 받고 있다. 사회적 수요와 관심이 커지며 학계에서도 종종 다루어져 온 분야이나, 교재로 활용할 수 있는 저서가 부족하다는 아쉬움이 있었다.

오늘날 전자지도 기술의 발전은 대중성과 접근성의 급속한 확산을 지향하고 있다. 활용 주체 역시 전문가에서 스마트 디바이스를 활용하는 개인과 비전문가로 확산되고 있다. 이제 지도는 지도제작술(cartography)과 같은 고도의 전문성을 필요로 하는 특수한 영역에서 사회적 매체(social media)라는 의미심장한 단어로 상징되는 디지털 문화의 기반기술이 되어 우리 일상생활의 한 부분으로 내장(embed)되었다. 촘촘하게 짜인 전자적 네트워크에 휴대용 전자매체를 매개로 상시 접속되어 있는 이러한 상호작용적 시청각 환경의 등장은 필연적으로 세계에 대한 우리의 인식변화를 야기한다.

본 교재가 관심을 가지는 로컬콘텐츠와 전자지도 매핑의 관계 역시 마찬가지다. 매핑은 "방대한 양의 데이터를 양식화하는 정보공간, 도시, 지역, 세계의 길을 찾는 물리적 공간, 정치·문화적 권력 관계는 물론 숨겨진 관계까지 포괄하는 사회적 공간 등 다양하고 방대한 공간들을 재현하기 위해 정보를 수집·배열하여 시각적으로 재생산한 효과적 그래픽 공간"을 의미한다.[1] 기존의 지도 및 지도제작과의 변별은 고정된 세계의 정밀한 측정결과로서 불변의 척도, 가늠자, 기준과 같은 역할을 하는 것이 아니라 지도가 인간의 소통을 매개하는 매체가 되었다는 것이다. 전자지도와 연계된 사회관계망 서비스(SNS)를 활용해 적합한 장소와 위치정보를 주고받으며 진행된 집회 등 다양한 스마트 시민활동들과, 노골적 상업화에 대한 반감에도 불구하고 에어비엔비(airbnb)와 같은 공유경제 플랫폼의 광범위한 활용, 인스타그램과 같이 ('공간'이 아닌) 장소 지향적인 서비스의 대중적 선호 등이 사례가 될 것이다. 정보교환, 의견 개진, 구매, 결제 등 네트워크에서 실시간으로 전개되는 행위들의 공간초월성은 전자지도가 제공하는 장소에 대한 다양한 시각자료와 인간 소통의 기본 특징인 가변성과 만나며 세계를 끊임없이 재구성해가는 중요한 기제가 되었다. 전자지도는 변화된 세계를 암시하거나 반영하는 거울이 아니라 세계를 변화시키는 주체가 된 것이다.

본 교재의 기본적인 인식 역시 로컬콘텐츠가 고정된 대상으로 주어져 있는 것이 아니라 인간이 끊임없이 만들어가는 가변적인 구성물이라는 점이다. 구성의 방편으로 전자지도의 기능과 역할이 이미 크게 영향을 미치고 있으며, 그 가능성은 무궁무진하다. 따라서 본 교재에서 논의하게 될 전자지도의 기본적인 역할은 로컬콘텐츠의 내용을 장소와 연계해 표시하는 단순한 표상이 아니라 콘텐츠를 통한 로컬의 (재)구성이다. 컬처 매핑이라는 개념이 문화적

1) Hall, P., *Else/Where: Mapping, New Cartographies of Networks and Territories*, University of Minnesota Press, 2006, p.12.

산물들을 표시하고 내용을 소개하는 단순한 전자문화지도와 변별되는 가장 큰 특징 역시 지도를 표상이 아닌 구성으로 보아 동사화 했다는 점이다.

전자지도를 활용한 컬처 매핑이 우리 사회를 (재)구성하는 실행방식은, 특히 북유럽과 같은 해외의 경우, 주로 시민사회와의 연계를 통해서 이루어지고 있다. 과거, 지도에 대한 지식과 정보, 제작에 대한 권리를 국가와 권력이 독점해 왔던 점을 상기한다면 획기적인 변화다. 국가가 지도를 독점한 것은 군사, 정치, 행정 등 효율적 통치와 경제발전을 위한 것이었고, 따라서 지도의 쓰임새 역시 그 목적을 수행하는 도구로서 하향식(top-down)으로 결정되어 있었다. 컬처 매핑은 전자지도기술과 풀뿌리 민주주의의 확산에 힘입어 상향식(bottom-up)으로 지도를 활용해 자발적으로 세계를 재구성하고자 하는 시도로 볼 수 있다. 지도제작의 목적을 다양하게 확장하고자 하는 정부기구와 시민단체의 연계활동부터, 소규모 단체들이 자발적인 매핑을 통해 자신들의 관심과 관점에서 바라본 세계와 이상적 세계의 상을 제시하는 일까지 다양하게 쓰이고 있으며, UNESCO와 같은 국제기구를 비롯해 광범위한 공공·민간조직들이 시민생활의 편의, 생태계와 전통문화 보전과 같은 목적에 사용하고 있다.

지역, 즉 로컬이 컬처매핑을 통해 생산해 낼 수 있는 콘텐츠와 그 가치는 다양하다. 가령, 기존에 제작된 문화관광안내도와 같은 하향식 지도 속에 박제되어버린 로컬콘텐츠를 끊임없이 갱신하고, 재생산하고, 재조명할 수 있다는 점이 있을 것이다. 그보다 정부기관이 주도하는 하향식 행정의 일환으로서의 매핑을 지양하고, 지역

시민사회 구성원들의 염원과 시각을 담은 자발적인 상향식 매핑을 통해 지역정체성을 강화할 수 있다는 점이 궁극적인 가치라 하겠다. 로컬콘텐츠가 지향해야 할 올바른 방향성은 지역경제 활성화와 같은 경제논리에 국한되지 않는 것이다. 로컬콘텐츠는 단순한 관광문화상품을 의미하는 것이 아니다. 지역문화가 가진 다양한 가치를 발굴하고, 이를 통해 지역공동체 구성원의 자부심과 연대를 강화하고 스스로의 정체성을 만들어 가는 것이 로컬콘텐츠의 궁극적인 가치인 것이다.

최근 지방자치단체들의 천편일률적인 관광자원화 사업에 의해 제지역의 콘텐츠들이 특수성을 상실하고 퇴행적 균질화의 위기에 놓여있다는 점에서 컬처 매핑은 그 필요성이 더욱 강조된다. 모든 지자체들이 타 지역과 변별된 고유의 지역콘텐츠의 필요성을 절감하고 있으며 실행을 위해 안간힘을 쓰고 있다. 수 십 년의 세월이 쌓이며 성공사례도 다수 보고되고 있다. 그러나 특화전략으로 선택된 지역문화축제, 특산물 마케팅, 케이블카와 액티비티 놀이시설 설치와 같은 판에 박힌 결과물들은 그 지역의 고유한 정체성을 드러내거나 강화하는 일과 관련이 커보이지 않는다. 오히려 어느 지역에서나 찾아볼 수 있는 요식적이고 정치적인 기성품 관광아이템으로 로컬콘텐츠가 전락한 경우가 많기 때문이다. 여기에 지자체가 기획(혹은 발주)한 로컬콘텐츠에 대한 해당 지역 구성원들의 지속적인 무관심과 지역민들의 사생활이 관광상품화에 의해 침해를 받아 반발이 심화되는 오버투어리즘(over-tourism) 현상 등의 부작용까지 더해지고 있다. 증대되는 로컬콘텐츠의 수요와 근시안적 예산사업으로서의 콘텐츠 공급이 맞물리며 오히려 지역정체성을 훼손시키는 것으로 의심 받기까지 한다.

로컬콘텐츠와 컬처 매핑의 연계는 이러한 시대적 문제의식을 반영하는 것이다. 로컬콘텐츠라는 용어는 분명히 노골적으로, 혹은 은연중에, 문화를 경제적 자원으로 활용하자는 실사구시(實事求是)적 기획의도를 함의하고 있다. 하지만 이는 많은 문제를 야기해왔다. 무엇보다 문화도구화는 그 자체로 비판에서 자유롭지 못하다. 문화를 경제적 도구로 사용한다는 발상과 접근은, 결국 돈벌이나 집객, 언론의 관심 유발과 같은 구체적인 성과를 이끌어 내는 문화적 산물만 선별적으로 존속이 가능하고 그 밖의 것은 차별 받게 되는 퇴행을 야기할 수 있다. 투자 대비 효과, 가격 대비 성능의 관점이 문화를 판단하는 기준이 되어, 문화를 취사선택 가능한 물화(物化)된 옵션이나 진열장에 즐비한 상품처럼 여기는 몰이해가 확산될 수도 있다. 문화에 대한 우리의 인식에 심각한 왜곡을 초래할 수 있는 것이다. 이런 이유에서 문화연구에서는 문화산업이 오랜 '인문학적 감시'의 대상이 되어오기도 했다. 문화콘텐츠, 로컬콘텐츠와 같은 용어는 이런 문제에 항상 노출되어 있다.

그러나 문화도구화에 대한 우려는 많은 경우 로컬콘텐츠 용어의 정의를 관광문화상품과 동일시하는 편협함에 기인하는 것이기도 하다. 이렇게 될 경우, 로컬콘텐츠가 실제 가지고 있는 많은 미래의 가능성을 놓치게 된다. 콘텐츠 개념은 특히 최근 정치·경제·사회·기술적 변화에 조응해 크게 확장되고 있다. 네트워크 사용의 일상화, 휴대용 디지털기기 사용의 편의성 확대, 전례 없는 문화의 정치경제적 영향력 확대 등에 힘입어 문화콘텐츠는 더 이상 오락, 영화, 게임 등속의 엔터테인먼트 산업 생산물과 같은 소박한 용어의 동의

어가 될 수 없게 되었다. 가령 촛불집회나 미투(me too) 운동과 같이 과거 정치나 사회 문제로 분류되었을 많은 현상들이, 호불호와 올바름에 대한 개인적 견해와 해석을 떠나, 소셜미디어를 통해 확산된 온라인-오프라인 연계 이벤트와 같이 하나의 문화콘텐츠가 된 것이다. 이는 1970년대 미국을 위시한 서구에서 중요하게 논의되었던 문화적 전환(cultural turn) 개념에서 한 걸음 더 나아 간 것이라 볼 수 있다. 즉, 의미를 만드는 가장 중요한 사회적 수단인 언어, 문자, 매스미디어의 이미지를 거쳐 이제는 상호작용적인 문화콘텐츠가 되었다는 것이다. 이제, 우리를 둘러싼 모든 것들이 콘텐츠가 되어 간다는 주장은 결코 과도하게 들리지 않는다. 문화콘텐츠가 단순히 사회변화를 반영하는 문화적 산물이 아니라 사회변화를 조형하는 실행 플랫폼이 된 것이다.

로컬콘텐츠 역시 상품성 있는 지역의 문화적 산물의 개발과 같은 단순한 개념에 머무를 수 없다. 로컬콘텐츠는 로컬을 (재)구성하는 플랫폼으로 이해되어야 한다. 지역정체성을 강화하고 산업화 이후 크게 훼손된 공동체성을 복원하고 함양하는 근원적 과업이 로컬콘텐츠의 궁극적 목표가 되어야 한다. 세상의 모든 것들이 콘텐츠가 되고 있다는 말은 콘텐츠를 통해 세상을 새롭게 바꾸고 재구성하는 시대가 되었음을 의미한다. 본 교재가 추구하는 방향은 컬처 매핑이 로컬콘텐츠 개념을 다양하게 확장시켜 지역문화의 가치를 증대하는데 크게 기여할 수 있다는 것이다.

이와 같은 문제의식을 바탕으로 본 교재는 1부와 2부로 나누어 로컬콘텐츠와 컬처 매핑을 다루고 있다. 1부에서는 로컬콘텐츠 기획과 컬처 매핑의 기본적인 이해를 위해 이론적 설명과 함께 해외

사례를 소개했다. 로컬콘텐츠에 대한 관심은 역사적으로 산업화 시기 이후 불거진 도시재생 문제와 깊은 관련을 맺고 있기 때문에 필수적인 선행학습이라 하겠다. 산업화는 노동력 집적을 통해 제조업 중심의 노동집약적 생산 효율성을 극대화한 도시화와 상생관계였다. 짧은 시간 인구가 도시에 과도하게 몰려들면서 농업지대와 같은 비 도시 지역의 인구는 현저히 줄어들었다. 또한 청년층의 감소로 인구구성비의 균형이 무너지며 전통적인 지역공동체들은 생산 기능을 상실해 빠르게 해체되었다. 도시와 농촌 지역 간 상호보완적인 공생의 균형도 무너졌다. 도시는 번성한 반면 농촌 지역은 공동체의 삶의 터전이라는 마을의 기본적 기능마저 심각하게 훼손되었다. 시간이 흘러 제조업이 쇠퇴하자 도시 마저 도심 공동화, 공공·민간 건축물의 노후화, 빈부격차에 의한 공간의 양극화 등 난제들에 부닥치게 된다. 교통, 주거, 치안, 고용, 교육, 위생, 복지 등 모든 면에서 경제성장의 화려함 뒤에 감춰졌던 많은 문제들이 한꺼번에 불거졌고, 특히 제조업 공장지대의 많은 도시들이 쇠퇴에 직면하게 되었다. 도시재생은 이러한 문제를 해결하기 위한 노력이었고, 로컬콘텐츠도 도시 노화와 쇠퇴 문제 해결의 전개과정에서 착안되고 도입된 것이다.

이는 고도 성장기 이후 한국사회가 경험하고 있는 현재진행형 문제다. 그러나 도시재생을 위한 정책적 노력은 전 세계적 현상이며, 상당 기간 지속되며 역사를 쌓아왔다. 정책의 입안과 시행, 그 과정에서 문화주도형 도시재생 정책의 실험 등을 한국보다 수십 년 먼저 시행한 영국의 사례는 우리에게 시사하는 바가 클 것이다. 본 교재는 광역런던(greater London)의 사례를 통해 도시재생 정책 수행의 과정에서 역사문화유산을 다루는 태도와 관점을 로컬콘텐츠 기획의 사례로서 살펴보았다. 또 컬처 매핑 개념에 대한 논의와 함께, 최근 이 분야에 큰 영향을 미치고 있는 문화지리학을 소개하고, 매핑에 대한 인식론적 관점을 살펴보았다.

2부에서는 제작 사례를 통해 로컬콘텐츠에 대한 이해를 심화하고 컬처 매핑을 기획하고 제작하는 방법에 대해 상세히 알아보았다. 앞서 공동체의 자발적인 문화정체성 형성과 강화에 기여하고자 하는 컬처 매핑의 궁극적인 목적에 대해 언급한 바 있다. 그 일환으로서 '지속가능한 공동체' 개념과 목표를 달성하기 위한 다양한 노력을 소개하고 컬처 매핑과의 연계에 대해 설명했다. 또한 본 교재를 활용해 컬처 매핑을 직접 해 볼 수 있도록 실제 제작과정의 체계와 흐름을 상세히 설명하며 경과보고와 함께 매핑 결과물로 제시했다. 한국외국어대학교 서울캠퍼스의 소재지인 서울시 동대문구 이문동을 대상으로, 취재와 답사, 이야기와 이미지 수집, 영상 촬영과 API 오픈소스를 활용한 플랫폼 구축, SNS 홍보 등 지역 문화지도 제작의 전 전 과정을 상세히 담았다.

바야흐로, 4차 산업혁명이 정부 차원에서 운위되는 시대다. 빅데이터와 인공지능, 사물인터넷과 같은 첨단 정보 자동화 기술이 과거의 혁신과 충분히 변별되는 큰 폭의 변화를 가져올 것이라는 기대를 반영한다. 한편에서는 기술발전의 목적이 인간과 공동체의 궁극적인 행복과 같은 가치가 아니라 자본주의적 가치를 추구한다는 이유로 부정적인 견해를 피력하는 이들도 있다. 기술이 인간의 실존적 필요에 의한 것이 아니라 기술 자체의 발전 논리에 따라 진보하고 인간의 삶을 그 환경에 적응시키고 끼워 맞춰야 하는 주객이

전도된 상황이 올수 있다는 우려의 목소리도 나온다. 이러한 시대에 컬처 매핑은 로컬콘텐츠의 발전과 공동체성 함양의 목적에 전자기술을 적절히 활용하는 사례로서도 큰 의미를 가질 수 있을 것이다. 이 교재를 활용하여 학생들이 컬처 매핑을 수행하는 기본적인 기술과 방법을 습득함은 물론, 지도를 활용하여 생산할 수 있는 사회적 의미와 문화적 가치에 대해 깨닫게 될 것을 기대 해본다.

그리고 이 책을 구상하고 집필하는데 함께 해준 한국외국어대학교 문화콘텐츠융합전공 학생들과 외대 앞 상인들, 주민분들의 노력과 수고에 깊은 감사의 말씀을 전한다. 또한 책의 출간을 지원해준 한국외대 특성화사업단, 문화지도 제작 예산을 지원해준 한국외대 창업교육센터, 로컬콘텐츠 제작에 많은 영감을 주신 퍼니플랜 남 반장님, 안녕둔촌주공아파트 이인규 편집장님, 스트리트 H 장성환 대표님께도 감사드린다. 대학과 지역, 시간과 공간을 가로지르며 만나고 기록한 삶의 이야기(역사)들이 어우러져 이문동의 소중한 로컬콘텐츠가 탄생했다. 재개발을 앞두고 본격적인 주민 이주가 시작된 2018년 가을, 이문동은 또 다른 변화 앞에 노출돼 있다. 아파트공화국 대한민국은 서민들의 훈훈한 삶의 흔적을 이렇게 지워간다. 이 책은 이러한 변화에 맞서 사라져 가는 추억과 기억을 '영원한 현재'로 간직하려는 각 로컬 문화지킴이들의 이정표가 되었으면 한다.

저자를 대표하여 박치완

목차

I

로컬콘텐츠 기획 및 컬처 매핑 개념의 이해

1. 로컬콘텐츠와 문화주도형 도시재생

로컬콘텐츠는 '특정 지역의 정체성을 드러내는 유무형의 문화적 자산'으로 정의할 수 있다. 경제적 부가가치와 심미적 브랜드 가치를 창출할 수 있는 모든 지역문화가 로컬콘텐츠가 된다. 바다, 산, 계곡, 강, 불야성의 도심 야경과 같이 특정 지역의 문화지리적 정체성을 직관적으로 드러내는 자연과 도시의 경관부터가 로컬콘텐츠 개념에 포함될 수 있다. 그 지역에서만 경험할 수 있는 것들과 그 경험을 가능하게 만드는 모든 시설물, 특산물, 문화재 등이 모두 포함되며, 무형 자산으로서의 역사, 이야기, 노래 가사와 가락, 창법, 연주법, 무용법과 공연기법 등도 마찬가지다. 더 나아가 그 지역 일반 가정의 보편적인 요리법에다 그 요리를 즐겨온 해당 지역 주민들의 오랜 입맛, 즉 미식취향까지도 로컬콘텐츠라 할 수 있겠다.

지역의 다양한 문화를 로컬콘텐츠 개념으로 묶어 활용하자는 발상은 1995년 지방자체제도의 시행과 깊은 관련이 있다. 이는 단체장과 의회 의원들을 지역민이 선출하여 지방정부를 구성하는 것이다. 제도 도입과 함께 구성된 많은 지자체들은 인적·물적 자원의 절대 부족으로 지역발전을 위한 사업 추진에 큰 애로를 겪었다. 한국사회 전체의 구조적인 문제에 기인하는 것으로, 산업화 시기 자본과 인구가 도시에 집중되고 농업경제가 위축되어 도농격차가 크게 벌어졌고, 제조업 위주의 산업구조가 변화하면서 도시들도 쇠퇴하기 시작한 것이다. 농촌지역은 경제발전의 기반시설은 물론, 발전의 주체가 되어야 할 청년층의 지속적인 유출로 활기를 잃어버렸고, 도시지역은 도심 공동화, 공공·민간 건축물의 노후화, 빈부격차에 의한 공간의 양극화를 비롯해 교통, 주거, 치안, 고용, 교육, 위생, 복지 등 전반적인 문제에 직면하게 된다.

문화 자원을 활용한 로컬콘텐츠 기획과 개발은 산업클러스터와 같은 시설투자 없이 시행할 수 있다는 점에서 각광을 받았다. 지자체가 도입되었던 1990년대 문화산업은 '황금알을 낳는 거위', '미래의 기간산업'과 같은 용어로 불리며 크게 기대를 모았는데, 이러한 사회적 분위기도 지역문화를 발굴하고 가공하여 경제적 부가가치를 창출하자는 큰 흐름을 만드는데 영향을 끼쳤다. 오늘날까지도 계속되어, 전국 어느 지역을 가 보아도 문화를 경제발전 도구로 활용하고자 하는 시도는 쉽게 눈에 띈다. 넘쳐나는 지역 축제나 케이블카 설치와 같은 관광인프라 구축이 눈에 띄는 '표층적' 사례다. 좀 더 도시계획 정책과 밀착된 '심층적' 로컬콘텐츠 기획 개념으로 '문화주도형 도시재생'이 있다.

도시재생은 서구의 전후 도시재건 담론의 연장선에서 낡은 건물을 구역단위로 허물고 새 건물로 교체하는 도시리뉴얼(urban renewal) 혹은 도시개발(urban development)의 상대개념으로서,

1980년대 "단순 철거와 신축을 넘어서는 그 무엇"이라는 방향성과 가치를 담아내기 위해 등장했다.[1] 도시재생의 근원적 지향성, 즉 미래 사회구성원들이 만들고 싶은 사회상(像)에 대한 논의와 사회적 합의가 필요함이 제기되었다. 도시재생이라는 용어의 함의는 헤아릴 수 없이 다양한 도시문제에 대한 접근이 "장기적이고 전략적이고 목표를 가지고" 진행되어야 한다는 것이다.[2] 이 장에서는 문화주도형 도시재생에 대해 자세히 알아보고, 런던의 조망권 관련 사례를 통해 지도와 연계하여 설명하도록 하겠다.

1) 문화주도형 도시재생

1990년대 유럽은 시기적으로도 많은 도시들이 제조업 몰락, 건축물 노후 등 총체적 문제에 직면하며 재활될 필요가 있었고, 동구 몰락 이후 부침을 겪었으나 경제회복이 속도를 내면서 경제성장 담론과 맞물리며 도시재생이 큰 화두가 되었다. 2008년 경제침체가 오기 전까지 "도시재생의 황금기"[3]라고 불릴 정도였다.

문화주도형(Culture-led) 도시재생이 경제성장을 추동할 것으로

---

1) Jones, P. & Evans, J., *Urban Regeneration in the UK: Boom*, Bust and Recovery, 2013, p.3.
2) Roberts, P., "The Evolution, Definition and Purpose of Urban Regeneration," in Peter Roberts, Hugh Sykes and Rachel Granger (ed.), *Urban Regeneration (2nd Edition)*, SAGE, 2017, p.21.
3) Southern, A., "'Regeneration' in a time of austerity will mean the death of this metaphor, but what will come next?", *Journal of Urban Regeneration & Renewal,* 6(4), 2013, p.400.

기대를 모으며 크게 회자되었다. 다양한 비판에도 불구하고 강행되었던 유럽문화수도와 같은 프로그램들이 도시재생과 직간접적 연관관계가 있었다. 전통산업의 급속한 침체가 경제적, 사회적 몰락으로 연계되었던 많은 도시들이 문화예술도시로 거듭나며 성공사례가 보고되기도 했다. 글래스고, 로테르담, 볼로냐, 함부르크, 리버풀, 몽펠리에, 빌바오 등을 들 수 있다.

<표 1> 서구 도시재생 정책 타입의 패러다임 변화[4)]

	(도시) 정책 타입	사회적 내용(social content)
1950년대	재건(Reconstruction)	주택과 생활의 최소조건 개선
1960년대	재활(Revitalization)	사회와 복지의 개선
1970년대	리뉴얼(Renewal)	공동체 기반 활동과 (시민) 권력 증대
1980년대	재개발(Redevelopment)	제한적 국가지원 하에 공동체의 자구
1990년대	재생(Regeneration)	공동체의 역할 강조
2000년대	불황 중 재생 (Regeneration in Recession)	로컬의 기획 강조와 제3지역 발전 독려

특히 구겐하임 미술관으로 유명한 빌바오는 중세와 근대에 무역으로 번성했던 항구가 몰락하고 철강 등 공업이 융성했다가 그마저 1970년대에 침체되자 사실상 도시 자체가 몰락한 지역으로서, 1980년대부터 문화주도형 도시재생을 시도하며 문화예술에 많은 예산지원을 수행한 바 있다. 이 과정에서 빌바오 거주자들의 삶의 질 향상에 봉사해야 진정 가치 있는 도시재생사업이 될 것이라는 점이 꾸준히 지적되었다.[5)]

---

4) Stohr(1989), Lichfield(1992), Pugalis and Liddle(2013), 여기서는 Roberts et al.(2017) p.20에서 논의에 맞게 재편집.

5) Gonzalez J. M., "Bilbao: Culture, Citizenship and Quality of Life", in Franco Bianchini, Michael Parkinson (ed.), *Cultural Policy and Urban*

결과적으로는 미흡했는데, 구겐하임으로 상징되는 건축과 시설 주도 접근이 어느 정도 마무리되어 문화주도 도시재생의 상징으로 회자되던 시점에서조차 상당수의 빌바오 주민들은 강 건너 형편없는 환경의 주거지역에 모여 살았던 것이다. 땅값이 치솟았을 때 이익을 보려면 땅소유주여야 한다. 소유지가 없다면 임차비용이 상승하게 되어 양극화를 심화 시킨다. 이런 땅값 상승의 정치경제학적 의미에서 너무나 화려한 건물로 상징되는 빌바오 프로젝트가 '그들만의 부동산-관광산업-세수 증대 파티'가 되었다면 의미를 두기 힘들었을 것이다.

빌바오가 성공사례로 일정한 가치를 지닌다면, 그것은 1990년대 지어진 유명 뮤지엄에 의한 "구겐하임 효과(Guggnheim Effect)" 때문이 아니다. 1980년대부터 최근까지 지속되고 있는 네르비온(Nervion) 강변 정화사업이 문화주도형 재개발사업에서 시작하여 CCT 산업 유치까지 연결되며 도시민의 사회, 경제, 문화적 삶의 향상에 기여하는 방향으로 도시를 재설계한 기나긴 도시재생 사업의 결과다.

이 과정에서 강조되는 빌바오의 교훈은 낡고 쓸모없게 된 항구 건물 등을 깔끔하게 철거하고 뮤지엄과 같은 세련된 건물들을 신축하며 완전한 변모를 추구한 것이 아니라는 점이다. 오히려 과거의 역사와 현재의 변형이 유기적 상관관계를 맺도록 노력했다는 것이며, 효율을 중시하는 모더니즘적이고 기능적인 구획화와 함께 강을 중심으로 지역의 역사와 이야기들이 얽혀 지속적으로 새로

Regeneration: The West European Experience, Manchester University Press, 1993, pp.73-89.

운 가치를 생산하도록 계획되었으며, 이 과정에서 지역주민들이 자발적으로 형성한 소규모의 문화창조산업(CCT) 클러스터 등 톱다운(Top-Down)과 바텀업(Bottom-Up)의 유기적인 인터랙션이 지속가능성을 지지하며 이상적인 성공사례를 창출했다는 점이다.[6]

결국 문화주도 도시재생은 단일 프로젝트일 수 없고 담론으로 수렴된다. 이는 소수 엘리트에 의해 모더니즘적 효율성에 기반을 두고 설계되었던 도시변환사업이 다양한 풀뿌리적 시각들을 반영하는 거버넌스로 전환되는 시기에 걸맞은 인식론이다. 이에 따라 창업과 고용지표 등 정량적 경제지표 외에 다양한 정성적 가치를 연구하기 위한 노력들이 수행되고 있다.

스마트미디어 사용이 관광과 같은 활동의 옵션이 아니라 전제가 되고 있는 요즘, 다양한 참여자들의 공간에 대한 지도화 과정에서 가치를 창출하고 발견하는 컬처 매핑이 사례다.[7] 지도는 지형의 단순 재현물이 아니라, 어떤 경우에도 보는 이들의 상상력과 창조성을 자극하여 더 나은 세계를 꿈꾸게 하는 힘이 있다. 한국형 도시재생의 성공적 모델 개발을 위해 고려할 필요가 있는 접근이다.

컬처 매핑에 대해서는 제3장에서 자세히 알아보기로 하고, 다음 절에서는 도시재생 정책과 연계된 로컬콘텐츠 기획 및 개발 사례로서 영국 광역 런던의 역사문화콘텐츠 개발에 대해 알아보겠다.

---

6) Nuere, O. C. & Bayón, F., "Cultural Mapping and Urban Regeneration: Analyzing Emergent Narratives abou Bilbao", *Culture and Local Governance,* 5(1-2), 2015.

7) 김기홍, 「디지털 문화지도의 인식론적 함의」, 『현대유럽철학연구』 제46집, 2017.

2) 로컬콘텐츠 기획으로서의 도시재생 정책 : 광역런던의 사례[8]

도시재생 기획 및 개발 정책과 관련하여 가장 각광받는 로컬콘텐츠는 역시 역사문화콘텐츠다. 오늘날 전 지구적으로 역사상 전례가 없는 인구 천만 명 규모의 메가시티(mega city)들이 속속 등장해 효율적으로 많은 인구를 수용하는 데는 성공했지만, 슬럼화와 빈부격차, 공해와 범죄 등 대가 또한 혹독했다. 이에, 사람과 결부시켜 도시를 재정의하지 않으면 삶은 사라지고 도시만 남을지 모른다는 반성적 위기의식이 싹텄고, 도시를 문화적으로 맥락화하여 사회경제적 활력을 불어넣는 것이 크게 가치 있는 일이 되었다. 역사문화콘텐츠 개발이 각광을 받게 된 것은 이런 배경에서이며, 과거 국가들 사이에서만 이루어지던 국제경쟁이 대도시간 경쟁으로 옮겨간 시기가 도래하자, 역사문화콘텐츠는 도시 경쟁력의 원천으로까지 인식되기에 이르렀다.

이 절에서는 이러한 문맥에서 비교우위에 서있는 영국 런던의 로컬콘텐츠 개발과 관련 정책을 지도와의 상관관계 속에서 살펴보고자 한다. 문화유산을 유산자산(heritage assets)이라고 표현하는 영국은 19세기 제국주의 시기와 2차 대전 중 나치의 공습을 겪으며 문화재를 강제적 보존의 대상으로 규정하였고 관련 정책도 이에 준하기에, 역사문화콘텐츠를 개발하는 기본적인 시각 또한 보존·보호 정책에 배치되지 않는 슬기로운 활용 추구와 현지주민 생활밀착형 개발로 정의할 수 있다. 이를 가능케 하는 정책적 수단은 전략적

8) 이 절은 저자의 논문 「광역 런던의 역사문화콘텐츠 관련 정책 연구」, 『글로벌문화콘텐츠』 제12호, 2013을 저서의 목적에 맞게 수정·보완한 것임.

인 수도권 개발계획인 런던플랜(London Plan)이며, 이 논문에서 강조하고자 하는 것은, 개발계획의 세부 내용보다는 그 시행의 과정에서 광역런던(Greater London)정부와 여러 기관·단체들이 대의를 위해 장기적 안목에서 협력해 가는 실천적 집단 노하우이다.

① 광역런던과 런던플랜

광역런던은 12개의 내곽런던(Inner London)과 20개의 외곽런던(Outer London), 그리고 오래 전부터 런던의 중심이었던 런던 시(City of London) 등 33개의 자치구(borough)로 이루어져 있다. 런던의 역사를 살펴보면 행정구역과 역할 등에 수많은 변화가 있었음을 알 수 있다. 요약하자면 도시 집중화 현상과 잉글랜드의 수도라는 특수성에 힘입어 자연스럽게 성장하던 런던이 2차 대전 중 나치 독일의 공습을 받은 이후 인구·시설 밀집 지역에 대한 분산 요구에 직면하게 되었다. 이에 따라 광역런던에 대한 구상과 계획이 이루어졌으며,[9] 이런 분산 배치의 맥락에다 도시화가 심화되면서 지속적으로 팽창하며 오늘 날의 광역런던이 생성되었다는 것이다.

광역런던의 행정은 광역런던정부(GLA)가 관할하는데, 런던 시장과 런던의회(London Assembly)가 분리된 것이 아니라 함께 정부에 참여하는 독특한 구조를 이루고 있다. 의회는 권력을 견제, 감시하는 기구이지만, 시정의 효율성을 높이기 위해 시장의 권한을 상당히 강하게 만들어 놓았기 때문에 예산사용 승인요청 거부와 같

9) 도시계획자이자 리버풀 대학 교수로 재직했던 패트릭 애버크럼비(Patrick Abercrombie)가 1944년 발표한 설계안이 대표적이다. 그래서 광역런던계획은 애버크럼비 계획이라고도 부른다.

이 시장과 의회가 충돌하는 일은 드물다. 때문에 GLA는 말 그대로 시장을 수반으로 한 광역런던정부라고 부를 수 있다.

광역런던정부 설치의 법적 근거는 1999년 발효된 광역런던정부법(Greater London Authority Act)이며, 이는 지방분권의 촉진이라는 영국의 정치사적 흐름과 관계가 있다. 즉, 영국은 지금도 런던뿐만 아니라 많은 지방자치단체에 더 많은 권력과 의무가 분산되는 과정에 있다고 볼 수 있다. 이에, 지방자치단체로서 광역런던정부는 런던이 안고 있는 많은 도시 문제들을 해결하는 한편 더욱 경쟁력 있는 도시로 육성하기 위해 일련의 목표와 전략들을 수립하기 시작했다. 그 결과 2004년 공포된 런던플랜이라는 최상위개념의 개발계획 산출물이 도출되었다.

런던플랜은 "광역런던의 공간개발전략(Spatial Development Strategy for Greater London)"이라는 부제에서 보듯 목적지향적 전략안이며, 2031년을 공식적인 종료시점으로 명시한 한시적인 개발계획이기도 하다.[10] 광역런던정부는 명목상이나마 시장에게 많은 의무를 부과하고 감시하는 형식을 취하는데, 그 의무 중 하나가 런던플랜의 이행을 지속적으로 관리·감독하고 보고하는 일이다.

광역런던정부나 런던플랜이 본 연구와 관련하여 의미가 있는 것은 광역런던을 구성하는 33개의 구들이 행정과 주거, 쓰레기 수거, 학교를 관리하는 등의 일정한 자치권을 가진 지역위원회가 존재하고 있다는 데 있다. 즉, 역사적 맥락 속에서 상당한 자치 문화를 가

10) 런던플랜의 종료시점 또한 지속적으로 갱신되고 있다. 2026년을 종료시점으로 지정했었던 이전 버전이 2031년으로 바뀐 것이기 때문에, 앞으로도 종료시점이 갱신될 가능성을 배재할 수 없다.

지고 있어 런던 전체를 아우르는 종합적인 계획을 수립하고 시행하기가 쉽지 않은 가운데, 각 자치구들의 이해관계를 조율하고 긴 호흡의 범 런던 계획을 시행하기 위해 만들어졌다는 것이다. 따라서 '광역런던'이라는 개념이나 '런던플랜'은 그 자체가 런던발전이라는 이상적 대의에 부합하는 특정한 목표를 완수하기 위해 지자체들을 규합하고 협조를 구하는 조율과 공동협력의 모델인 것이며, 역사문화콘텐츠와 관련된 일련의 계획과 시행 사례 역시 맥을 같이 하고 있다.

② 런던의 역사문화콘텐츠 현황과 개발 주체의 변화 양상

런던은 역사문화콘텐츠 체험을 포함, 문화와 관련하여 세계적인 도시이며, 이런 위상은 런던의 독특한 문화적 정체성에 기인한다고 볼 수 있다. 아래 표에서 보는 바와 같이, 세계적인 대도시들과의 양적 경쟁에서도 앞서나가는 다양한 문화시설 및 기관을 보유·관리하고 있다는 점에서 알 수 있듯, 이는 구체적인 정책적 노력의 산물이며 천문학적 액수의 관리비용을 끊임없이 요구하는 지속적인 투자의 잠정적인 결과물이기도 하다.

런던의 문화적 아이덴티티를 구축하는 다양한 요인 중 역사 유물, 즉 역사문화콘텐츠가 차지하는 비중은 대단히 크며, 무엇보다 영국인 자신들이 이를 중요하게 여기고 보존하는데 노력을 기울이고 있다는 점이 중요하다. 런던에는 고대 로마(1-5세기 초), 색슨(5세기 초-11세기), 중세(11세기-16세기), 조지 왕조 시대(18-19세기)의 건축물들이 산재해 있다. 그래서 그 자체가 도시의 역사문화 스토리텔링을 재생산하며 거주민들의 삶의 질과 자긍심을 제고하는 한

<표 2> 주요 문화 지표 (출처 : Cultural Audit, 2009)

지표	런던	뉴욕	파리	상하이	도쿄
공공미술관	92	N/A	59	6	40
예술 전문가 고등교육기관	12	7	3	15	N/A
국립박물관	22	16	19	6	8
기타 박물관	162	85	138	100	71
UNESCO 세계문화유산	4	1	2	0	0
공공도서관	395	255	303	248	369

편, 제조업 몰락 이후 영국의 주요산업이 된 금융업을 위시한 사업 관계자들과 관광객들을 불러들이고 있다. 그리고 이것이 다시 도시의 브랜드 가치를 강화하는 선순환 구조의 핵심적인 촉매역할을 하고 있다. 그 결과, 전 세계 주요도시를 비교한 다양한 평가지표에서 런던은 수위권에 속해 있는데, 예를 들어 아래 표에서 보는 바와 같이 관광객 유입에서도 세계 3위, 유럽 국가 중 1위를 차지하고 있다.

<표 3> 세계 도시 방문객 순위[11)]

순위	도시	2015 방문객(단위: 천명)
1	홍콩	26,686.0
2	방콕	18,734.9
3	런던	18,580.0
4	싱가포르	16,869.4
5	파리	15,023.0
6	마카오	14,308.5
7	두바이	14,260.0
8	이스탄불	12,414.6
9	뉴욕	12,300.0

11) 출처: *Euromonitor International from national tourist offices and national statistics.*

순위	도시	2015 방문객(단위: 천명)
10	쿠알라룸프	12,153.0

이는 1천개가 넘는 보존 구역(conservation area), 1만9천개에 달하는 등재건축물(listed building), 150개가 넘는 등록 공원 및 정원(registered park and gardens), 150개 이상의 기입유적(scheduled monuments)과 1개의 전쟁유적을 국가가 보호대상으로 지정해 보존[12]하고 있는 강력한 정책적 개입의 산물이라고 볼 수 있다. 하나의 도시가 4개의 유네스코 세계문화유산지역(World Heritage sites)[13]을 보유하고 있는 드문 사례 역시, 이런 노력의 일환이라고 볼 수 있다.[14]

이는 물론 광역런던정부가 구성되기 훨씬 전부터 잉글리시 해리티지(English Heritage)[15]와 같은 준 국가 공공기관(non-departmental public body)에 의해 이루어진 일이지만, 위에 언급한 일련의 지방분권화의 과정 속에서 역사문화콘텐츠와 관련된 지자체의 역할 역시 증대되고 있는 추세다. 런던 관광의 대표적인 명소

12) GLA(Greater London Authority), "The London Plan : Spatial Development Strategy for Greater London", 2011, p.221.

13) 그린위치 천문대, 큐 왕립 식물원, 런던 타워, 웨스트민스터 궁 지역

14) 영국의 유산자산(heritage assets)은 대상에 따라 보호와 관련된 용어도 다양하게 쓰이는데, 가령 건축물은 등재(listed)되고, 고대 유적은 기입(scheduled)되고, 폐허로 남은 잔재는 보호(protected), 전투지와 정원, 공원은 등록(registered)된다고 표현한다.

15) 문화유산 보호와 관련하여 잉글리시 헤리티지 기관의 위상은 대단히 높다. 잉글랜드와 웨일즈를 대상지역으로 정부(문화미디어스포츠부)가 2008년 발안한 역사유산보호법(heritage bill)은 역사유산을 판정하는 권리, 즉 어떤 유물이 국가적 역사유산이 될 수 있는지, 법적인 보호, 즉 예산배정을 받을 수 있는지를 판단하는 기관을 웨일즈의 경우 웨일즈 장관으로, 잉글랜드의 경우는 잉글리시 헤리티지 기관으로 명시하고 있다.

인 트라팔가(Trafalga) 광장의 관리 책임과 권한이 2000년 중앙정부의 문화미디어스포츠부(DCMS)로부터 광역런던정부로 이관된 것이 사례가 될 것이다.

중앙정부와 광역런던정부의 권리·의무 분장에 대해서는 최근 꽤 큰 변화가 있었기에, 좀 더 살펴볼 필요가 있다. 오랜 기간 동안 영국 광역권 개발의 핵심기관은 중앙정부의 지역개발청(RDA)이었다. 이 기구는 지역의회와 함께 지역경제와 관련된 기능을 수행하고, 지방정부는 이러한 중앙정부 주도 사업에서 기능적으로 분리되어 있었다. 런던의 경우, 지역개발청 중 런던권역을 담당하는 기구인 런던개발청이 권역의 경제발전정책과 개발정책을 효율적으로 추진하는 중앙정부의 대리 역할을 하고 있었다.[16] 전형적인 중앙정부 주도 정책 시스템이었던 것이다.

그러나 지난 2012년 3월 31일자로 지역개발청은 재정적자 축소를 위한 정부지출 삭감의 과정에서 폐지되었고, 몸집을 줄여 지방정부와 개별 사업 단위들을 연계하는 역할을 수행하는 지역사업파트너십(LEPs; Local Enterprise Partnerships)으로 대체되었다. 이와 병행하여, 2006년에 설치된 공동체와 지방정부부(DCLG; Department for Communities and Local Government)의 역할이 강화되었는데, 이 기관은 지역개발청 폐지와 거의 동시에 '국가정책개발체제(The National Planning Policy Framework)'[17]를 반포하여 중앙정부와 지방정부의 정책적 역할분담 변화과정에서 국정과 지

16) 한영주, 『글로벌 경쟁력 강화를 위한 수도권광역경제권 정책의 방향과 대응과제』, 서울시정개발원, 2009, p.65.
17) 잉글랜드 지역에서만 통용되는 체제이다.

방행정의 혼선이 생기지 않도록 조율을 시도하고 있다. 런던플랜 또한 이런 중앙정부의 지방자치단체 관리체제 변화에 따라 일부 변경되기도 하였다.

자국 산업의 경쟁력 약화와 미국·유럽발 재정위기로 경제적 이중고를 겪고 있는 영국의 정치경제적 사정이 야기한 일련의 문화유산과 관련한 변화에도 불구하고, 어쩌면 그렇기 때문에 오히려, 런던과 같은 대도시는 더욱 도드라지고 중요성이 부각될 것으로 예상된다. 그동안 정책실행·자금지원·관리감독 등 여러 측면에서 중앙정부의 상당한 지원에 기대오던 지방자치단체들 중 자신들의 역량으로 문화유산의 관리와 개발까지 감당할 실력이 있는 대표적인 지방자치단체를 꼽으라면 단연 런던일 수밖에 없기 때문이다.

결국 재정지출은 축소하면서도 지방분권화를 지향하겠다는 것이 현재 영국정부가 내세운 '빅 소사이어티(big society)', 즉 정부의 권력과 의무를 개인이나 민간에 위임하겠다는 정책기조의 핵심이지만, 이는 필연적으로 선택과 집중에 의한 수도권의 역할, 위상의 강화로 나아갈 가능성이 높다고 보며, 문화유산보호와 개발에 있어서도 마찬가지가 될 것으로 보인다.

③ 광역런던의 역사문화콘텐츠 개발정책

광역런던의 역사문화콘텐츠 개발과 관련된 정책은, 표면적으로는 규제일변도의 정책으로 보인다. 문화재는 그 자체가 개발의 대상으로 인식되는 것은 아니고, 민간부문, 즉 시장(market)이 그 지역을 개발하고자 할 때 감시를 통해 훼손을 방지하는 것 까지 기본적인 정책개입의 영역이다. 예컨대 런던플랜은 조지왕조 시대에 지어진 브룸즈베리(Broomsbury)의 광장, 빅토리아 시대에 지어진 큐 가든(Kew Garden), 중세시대에 건축된 인즈 오브 코트(Inns of Court), 20세기 초에 지어진 햄스테드 가든 서버브(Hampstead Garden Suburb), 브릭스톤(Brixton)과 웨스트 엔드(West End)의 생기 넘치는 쇼핑지역 등이 산재한 런던의 다양한 풍광을 열거하며 그 자체가 "런던의 활기찬 경제적 성공, 세계적 수준의 위상과 독특한 캐릭터를 조형하는 중요한 요인"으로 평가하면서, 보호의 중요성을 강조하고 있다.[18] 이는 기존의 풍부한 런던의 문화유산을 잘 지키기만 해도 자연스럽게 시민의 삶의 질 향상과 다양한 경제 활동에 도움이 된다는 인식에 바탕을 두고 있다. 이처럼 자본주의적 욕망에 기인한 힘 있는 개인의 행위가 공공재를 침해하지 못하도록 규제하는 것을 국가의 근본적 사명으로 인식하는 것이 영국 사회의 보편적 사고다. 영국정부의 문화유산 보호와 관리를 책임지는 부서인 문화유산부의 장관이 얼마 전 정부재정 감축과 권력분산 계획 실행 등을 이유로 유산관리를 민간에 아웃소싱하는 방안을 발표했다가 전문가 집단을 비롯한 각계의 거센 반대에 부딪힌 사건[19]이 이런 분위기를 잘 설명한다.

그러나 문화유산과 관련된 광역런던정부 정책의 맥락을 짚어보면 경제적 균형개발과 거주환경개선을 포함한 다양한 개발 함의를 읽을 수 있다. 위에 언급한 바와 같이 문화가 런던의 도시정체성과

18) GLA, 2011, *op. cit.*, p.221.
19) Wilding, M., "Plans to outsource council heritage work come under fire from experts", 영국 가디언(Guardian)지 인터넷판 기사, http://www.guardian.co.uk/local-government-network/2012/sep/07/outsource-conservation-officer-private-sector?INTCMP=SRCH, 접속일 2013.3.8.

브랜드 가치에 기여하는 바는 대단히 크며, 이는 런던은 물론 영국이 당면한 경제난, 특히 고용과 관련한 문제를 해결하는데 많은 도움을 주고 있어 정부의 관심을 끌지 않을 수 없다. 예를 들어, 런던의 방문객이 창출하는 고용은 25만 3천여 개로 집계되었는데, 이는 런던 전체 고용의 5.5퍼센트에 해당하는 것으로 나타났다.[20] 광역런던정부 역시 런던플랜 곳곳에 이런 류의 통계자료를 배치하며 문화관련 산업 육성과 문화 인프라 구축을 통한 다양한 파급효과에 적극적인 관심을 표명하고 있다.

다만 역사문화콘텐츠를 경제발전과 직접적으로 연계시키고자 하는 시도는 몇 가지 해결과제를 안고 있다. 무엇보다 광역런던의 역사문화콘텐츠가 가진 본연적인 문제는 자원이 고르게 분포되어 있지 않다는 점이다. 정부의 지원과 보호를 받는 등재건축물(listed building) 등 관광산업에 유용한 자원들이 소위 중앙활동공간(CAZ; Central Activities Zone)으로 불리는 옛 런던의 중심부에 가깝게 밀집되어 있는 것이다.

이런 환경은 내곽런던과 외곽런던 거주자들 간의 불평등이라는 런던의 고질적인 문제를 더욱 부각시키고 재생산하며, 이는 광역런던정부의 공개적인 고민거리이기도 하다. 삶의 질의 척도인 문화향유와 관련해서만 봐도, 내곽런던 거주자의 54퍼센트가 1년에 3차례 이상 문화행사를 향유한 반면 외곽런던 거주자들은 45퍼센트에 불과했으며, 내곽런던의 구위원회들이 주민 1인당 평균 69파운드에 달하는 문화관련 예산을 지출한 반면, 외곽런던의 구위원회

20) GLA, 2011, *op. cit.*, p.123

는 54파운드를 지출한 것으로 조사되었다.[21] 이러한 지역 간 불평등의 문제는 그 자체로 사회문제일 뿐더러, 한국에서와 마찬가지로 영국에서도 늘 정치문제로 비화되기 때문에 지방자치단체장과 같은 선출직 관료들에게 초미의 관심사이기도 하다.

이런 상황에서 역사문화콘텐츠와 관련된 개발은 첫째, 유산의 철저한 보존과 둘째, 관광산업을 위시한 문화산업 진흥을 통한 경제발전과 고용창출에 기여해야 한다는 점, 셋째, 균등발전을 지향해야 한다는 것과, 넷째, 거주환경 개선을 통해 시민들의 삶의 질을 제고해야 한다는 등의 다양한 조건들을 충족시켜야 하는 난제를 안고 있다.

이에 대한 런던의 대응은 대체로 세 가지 방향으로 요약헤 볼 수 있다. 첫째는 선택과 집중 원칙에 입각하여 전략적인 문화지역(Strategic Cultural Area)을 지정해 관광산업 발전을 유도하는 것이다. 이는 문화유적이 풍부한 도심뿐만 아니라 외곽런던이 다수 포함된 지역을 역사성을 고려하여 전략적인 관광객 유입 클러스터로 육성하고, 이에 대한 인프라 구축을 지원하는 방식으로 진행되었다. 2012 런던 올림픽 경기가 주로 열렸던 런던의 6개의 구(Host Boroughs)가 상대적으로 낙후된 지역을 과감한 재개발을 통해 탈바꿈시킨 곳이라는 점과, 이 지역에 대한 집중 투자를 20만개 일자리 신규 창출을 비롯한 향후 20년간의 지속적 발전 계획으로 연계시킨 광역런던정부의 공개적인 비전 제시도 유사한 맥락이라고 볼

---

21) MoL(Mayor of London), "The Cultural Metropolis ; the Mayor's Cultural Strategy - 2012 and Beyond", 2011, pp.76-77.

수 있다.[22)]

두 번째는 광역런던정부가 주도적으로 마케팅이나 행사를 개최해 시민들에 대한 문화서비스 제공과 관광산업을 위시한 문화콘텐츠의 산업적 활용을 촉진하는 것이다. 런던 역사마을 관광로(Historic London Villages Tourist Trail)를 설정하고 홍보한 것과 벡슬리 유적지역에 대한 '클러스터 마케팅'을 전개한 것, 런던 이야기 페스티벌(Story of London Festival)을 개최한 것 등이 사례라고 할 수 있다. 런던 이야기 페스티벌의 경우, 행사의 규모 자체는 크지 않지만, 광역런던 자치구의 대부분인 30개 구와 100여개의 문화, 역사, 유적 관련 유관기관들의 협조를 얻었다는 점에서 공동협력개발과 관련된 광역런던정부의 노력을 평가해 볼 수 있다. 이는 또한 문화·예술·관광과 관련하여 영국에 산재한 다양한 기금, 조직, 프로그램들이 시스템화 되어 있기에 가능한 협력이라는 점에서, 영국의 선진화된 문화 하드웨어 및 소프트웨어 인프라를 가늠해 볼 수 있는 사례이기도 하다.[23)]

세 번째는 도심에 집중된 문화유적의 혜택을 가급적 많은 시민, 가급적 넓은 지역으로 확대하는 것이다. 이는 한정된 재화라고 할 수 있는 역사문화콘텐츠의 사용가치를 극대화하자는 경제적 전

---

22) MoL, "Convergence Framework and Action Plan 2011 - 2015", 2009.

23) 대표적인 사례로 런던문화발전프로그램(LCIP)을 둘러싼 협조체제를 들 수 있을 것이다. 이는 광역런던의 각 자치구들과 개별 계약을 맺고 문화서비스와 관련된 프로그램들의 효율적 개발과 시행을 지원하는 프로그램으로, 자금지원은 잉글랜드예술위원회(ACE) 런던지부, MLA(Museums, Libraries and Archives Council) 런던지부, 잉글리시 헤리티지, 런던 주재 중앙정부 사무소, 런던 박물관 허브, 런던 위원회, 캐피탈 앰비션, 런던 위원회의 지역과 발전, 효율 파트너십 등 문화와 관련된 다양한 조직과 기금, 지원프로그램들로부터 받고 있다.

략이라고도 할 수 있다. 대표적인 사례가 조망권에 관한 것인데, 런던플랜에서 이에 대한 계획은 '런던 조망 관리 체제(London View Management Framework)'로 정리되어 있다. 이에 의하면 런던시장(정부)은 접근성이 용이한 공공장소에서 잘 보이는 중요한 건물이나 도시경관 중 런던의 이미지나 정체성을 규정할 만큼 기여도가 높은 것을 골라 '전략적 조망(strategic views)'으로 등록해 리스트를 작성하고 지속적으로 관리하도록 되어 있다. 이는 런던의 핵심 요지를 가로지르는 파노라마, 좁거나 긴 선형의 공간을 포함해서 도심경관에 어우러진 건물이나 건물군에서 보이는 경관, 템즈 강을 따라 펼쳐진 넓은 경관 등을 대상으로 미학적, 문화적 기여도를 평가해 지정하게 된다. 이런 과정을 거쳐서 지정된 경관지역은 알렉산드라 궁에서 도심까지, 팔러먼트 힐에서 도심까지, 켄우드에서 도심까지 하는 방식으로 런던 대표 파노라마 경관 9개와 타워 브릿지, 런던 브릿지 등 강변을 따라 형성된 경관들과 도심경관 등을 포함해 현재까지 모두 27개다. 시민들의 삶의 질, 관광산업 등과 긴밀하게 연계된 특정한 유동인구 밀집지역에서 시정부가 지정한 런던의 랜드마크 감상을 가능케 하자는 것이다.

이러한 조망권 극대화 개념은 한국에서도 전혀 새로운 것은 아니며, 결국 건축허가에 관한 정부의 권력에 기댄 소극적이고 규제 일변도의 정책으로 보일 수 있다. 다만 영국과 같이 시민사회와 자본주의의 대립, 사회주의적 민주주의와 개인의 권리가 상충해온 역사가 긴, 그래서 모든 종류의 규제에 대해 찬반 양쪽의 '말이 많은' 나라에서, 그것도 런던과 같이 이미 2천 년의 개발 역사를 가진 복잡하고 거대한 도시에서 이런 일을 시행하는 것이 결코 만만한 작업이 아니라는 점을 상기하며 그 시행성과에 대해 평가를 해볼 필요가 있다. 광역런던정부는 이에 대한 연례감시보고서(annual monitoring report)를 발간하고 있다. 2011년 발간된 보고서에 따르면, 보호경관으로 설정된 런던의 대표적인 랜드마크인 세인트 폴대성당과 이 건축물이 위치한 언덕의 경관이 정책입안의도대로 산재한 특정한 시점들에서 잘 보이는가, 특히 현행 건축 중인 개발 파이프라인이 보호경관정책에 위배되지는 않는가를 조사했는데, (그림 1). 정책에 맞춰서 개발이 시행되는 정도의 백분율이 100퍼센트로 나타났다.[24]

이런 정책의 시행이 가능한 것은 역사문화콘텐츠에 대한 시민의식과 자긍심, 공공재와 관광스토리텔링에 대한 시민의 자각 등을 토대로 하고 있음은 물론이지만, 난립하는 수 십 개 자치구들의 요구를 조율하며 비전을 공유하고 공동협력을 다져나가는 노력이 구체적인 결실을 맺고 있는 것은 런던플랜으로 대표되는 광역런던정부의 거시적 종합계획이 상당히 설득력이 있고 당위와 실현 가능성의 균형이 잘 맞는 좋은 계획이었음을 전제하고 있는 것이라 하겠다.

④ 로컬콘텐츠와 글로컬시티적 도시 브랜드가치

런던플랜을 통한 광역런던의 역사문화콘텐츠 개발을 논하며 빠질 수 없는 것이 도시 브랜드가치에 관한 것이다. 다양한 맥락의 해석이 있겠으나, 브랜드가치가 높은 도시와 낮은 도시의 차별이 존

---

24) GLA, "City of London Annual Monitoring Report 2009/10", 2011, pp.68-69.

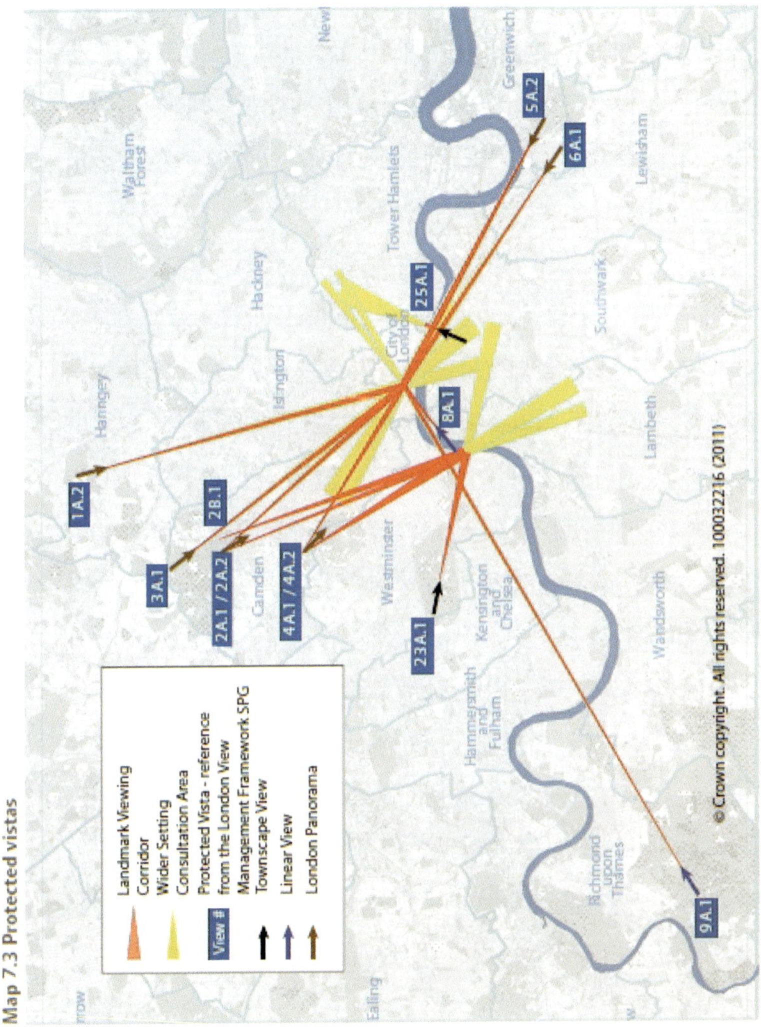

<그림 1> 런던의 경관보호지역 설정. 비교적 먼 지역에서도 도심에 밀집된 역사문화콘텐츠를 포함한 랜드마크를 조망할 수 있도록 하고 있다

재한다는 사실과, 따라서 도시 브랜드가치가 중요하다는 정도의 주장에는 이견이 없을 것이다. 정량적인 측정의 대상으로서의 가치 이외에도 도시브랜드 구축, 즉 브랜딩은 도시 그 자체의 정체성을 표현하는 한편 그것을 다시 강화해 나가는 방식으로 도시정체성을 만든다는 점에서도 중요하다고 할 것이다. 어떤 맥락에서 역사문화콘텐츠 개발의 궁극적인 목적도 도시 브랜드가치의 증진에 있다고 할 수 있다.

이런 관점에서 광역런던정부는 런던플랜이나 관련 문건인 <문화메트로폴리스(Cultural Metropolis)>와 같은 정책 문건을 통해 '세계적 수준의(world class)'와 같은 수사를 동원해 거대 도시, 풍요로운 도시, 국제화된 도시임을 적극적으로 내비치며 런던의 글로벌 브랜드를 재생산하고 있다. 그러나 다른 방향의 브랜딩 노력도 있는데, 바로 사회적 통합(social inclusion)과 관련된 브랜드이다.

예를 들어 런던플랜은 관광산업 증진을 위한 인프라구축 정책과 관련하여 2031년까지 런던 시내에 호텔 룸을 4만 개 추가하겠다는 정책목표와 함께, 그 중 10퍼센트를 휠체어를 타고도 접근할 수 있도록 하겠다고 명시하고 있다. 이에[25] 광역런던정부는 문화유산 다양성 증진을 위한 테스크 포스(Heritage Diversity Task Force)를 운영해 문화유산과 인종적 다양성, 정체성 등의 문제를 연구기도 하였다.[26] 또한 런던의 문화유산의 상당수가 "다문화적 천성(multicultural nature)"을 가졌기 때문에 이에 대한 열린 접근성은

25) GLA, 2011, *op. cit.*, p.122.
26) GLA, Embedding Shared Diversity, 2009.

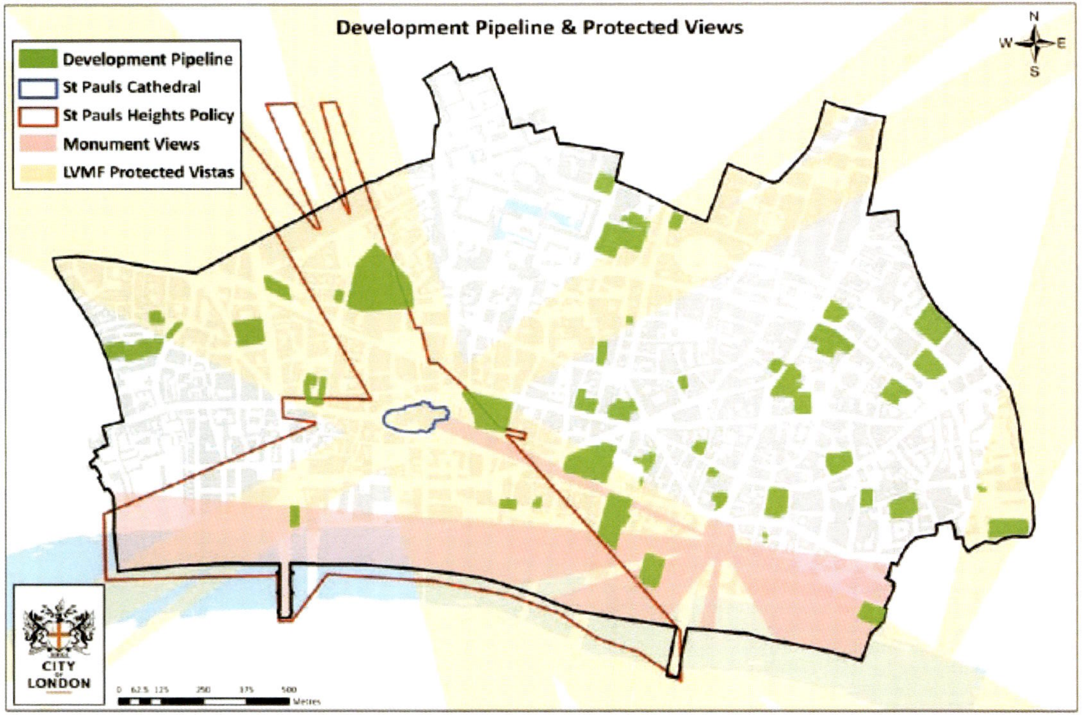

<그림 2> 세인트 폴 대성당과 인근 지역 보호경관 시행을 설명한 지도. 다양한 각도와 지점에서 런던의 대표적 랜드마크 중 하나인 이 대성당 경관이 개발 중인 건축물에 가리거나 방해를 받지 않는가를 조사한 것으로, 정책가이드라인이 100퍼센트 지켜지는 것으로 나타났다.

지역공동체의 결속을 증진할 것이라고 주장하기도 한다.[27)]

이는 역사문화콘텐츠 개발이 두 가지 근본적인 인식에 기초하고 있음을 시사한다. 첫째, 역사문화콘텐츠에 대한 높은 접근성이 사회통합의 주요 기제라는 인식과, 둘째, 이에 대한 정책적 배려가 그 도시의 브랜드 가치를 높인다는 판단이다. 즉, 이제 도시들을 비교하는 잣대가 도시의 인구수나 크기, 도로망과 지하철 등 인프라 구축 정도나 GDP, 혹은 (유치한 듯 하지만 대단히 효과적인) 얼마나 높은 빌딩을 보유하고 있나와 같은 것을 너머, 약자와 소수자에 대한 배려의 정도가 그 도시의 수준을 가늠하는 중요한 지표가 되어가고 있다는 것이다.

그 중에서도 거주자의 다양한 인종 분포를 의미하는 다문화 개념이 가장 도드라진다고 볼 수 있다. 상호문화, 문화다양성 등 이와 관련된 다양한 용어와 개념들이 존재하며, 이에 대한 정책개발과 시행은 영국의 오랜 역사의 일부이기도 하다. 최근에는 글로컬 시티(Glocal City)라는 용어도 눈에 띄는데, 주로 도시의 브랜드 가치 향상을 위한 지자체의 인터넷 마케팅을 분석하는 데 쓰인다.[28)] 대체로 글로벌 도시 이미지를 강조하면서도 그 글로벌이 획일화와 동의어로 쓰이기도 하는 글로벌라이제이션(globalization)이 아닌, 다민족, 다문화가 융합하여 살아가는 진정한 의미의 글로벌 시티임을 표상하는 용어로 쓰인다.[29)]

---

27) GLA, 2011, *op. cit.*, P.221.
28) Paganoni, M. C., "City Branding and Social Inclusion in the Glocal City", *Mobilities*, 7(1), 2012, pp.13-31.
29) 이와 관련하여 박치완·김성수·조소연 외 『글로컬문화콘텐츠, 어떻게 그리고 왜?』, 한국외국어대학교출판부, 2009, pp.225-251 참조.

이는 세계적 수준의 메가시티로 부상하고자 노력하는 한국의 수도권에 시사하는 바가 매우 크다. 외국인이 100만 명을 훌쩍 넘은 시대이고, 다문화 학생만 6만 여명에 육박하며 그 중 40퍼센트 가까이가 수도권에 거주하고 있다고 한다. 통계에는 잘 잡히지 않지만, 다문화가정 자녀의 50에서 60퍼센트가 학업을 포기했을 거라는 추정도 있다.[30] 이런 상황은, 그 자체로도 심각한 문제이지만, 도시 브랜드가치에도 악영향을 미치며 앞으로 악화될 가능성이 크다. 실제로 이는 수도권이 다른 국가의 대도시권과의 경쟁에서 뒤처지는 원인으로 지목되고 있기도 하다.

세계 20개 메가시티리전(MCR)을 비교한 수도권광역경제발전위원회의 연구는 한국의 수도권(경인권)이 선두그룹에 들지 못했다고 보고하며 그 원인 중 하나를 "글로벌 역량(문화개방성, 지역본부, 외국인 학교 및 병원 등)"의 부족에서 찾고 있다.[31]

위에 살펴본 바와 같이 광역런던은 역사문화콘텐츠와 관련된 개발에 이러한 사회 통합적 요소와 위에 글로컬 시티로 개념화한 성격을 적극적으로 연계시키며 '만민에게 개방된 앞서가는 도시', '문화다양성을 실현하는 선진화된 도시'의 이미지를 브랜딩하고 있다. 한국, 특히 수도권의 다문화화는 이미 현실이 되었고, 향후 그 정도는 심화될 확률이 높은 것으로 보여 진다. 따라서 기 시행되고 있는 다문화와 관련된 특정한 정책적 노력과 별개로, 혹은 연계하여, 역사문화콘텐츠 개발에 글로컬 시티 개념으로 묶어볼 수 있는 다

30) 송민섭, 「다문화 학생 5만 시대… 지원책 급하다」, 『세계일보 인터넷판』, 2012.9.18.

31) 수도권광역경제발전위원회, 「수도권 광역경제권 장기발전구상 및 추진전략 연구」, 2010, p.10.

문화, 상호문화, 사회통합 등의 요소를 연계하여 발전시키는 종합 전략 구상과 시행이 필요할 것으로 보인다.

위에서 살펴본 광역런던의 역사문화콘텐츠 개발이 시사하는 바는 첫째, 기타 정책과의 유기적인 연계성과 둘째, 시민생활밀착형 개발, 셋째, 사회통합형 개발의 유용성으로 요약할 수 있다. 이는 종합개발계획인 런던플랜에 잘 녹아 있는 것으로 평가할 수 있는데, 결국 문화유산을 공공부문이 나서서 적극적으로 개발하는 것이 아니라 오히려 규제에 집중하는 모양새이지만, 결과는 세계 최고 수준의 역사문화콘텐츠 개발 도시가 되어 있는 결과를 낳고 있다.

한국의 경우, 일제강점기와 전쟁, 근대화의 굴곡을 겪으며 특히 영국과 같은 나라와 비교해 수도권 도심의 문화유산이 많이 훼손된 등의 문제가 있어 광역런던과 일대일 비교하는 것은 문제가 있어 보인다. 문화유산 보호를 위한 법적 규제나 관광특구 지정과 같은 정책 또한 한국에서 이미 시행되고 있는 것이기도 하다. 다만 정책 수립의 과정에서, 위에 예를 든 역사문화콘텐츠 경관보호와 같은 이슈를 시민 공공재 향유권, 사회통합 제고와 같은 가치와 연계시키고, 이 논리를 바탕으로 수도권 곳곳의 개발·재개발 지역의 건축규제, 도로 등 인프라 건설 정책을 시행하고, 이를 다시 관광을 비롯한 문화산업 발전, 도시 브랜드 가치 상승으로 연결해 결국 전체 수도권에 이익이 확산되는 선순환 구조를 형성할 수 있는, 각 개발단위들을 유기적으로 연계시키는 수도권 개발 종합정책이 있는가의 문제는 짚어볼 필요가 있을 것으로 보인다.

또한 광역런던의 사례를 통해 역사문화콘텐츠 개발정책의 성패를 평가하는 기준 또한 다양하며 더욱 다양해지고 있음을 알 수 있었다. 서구에서 사회적 배재(social exclusion)의 반대말로써의 '사회통합'으로 표현되는 시민 문화 향유권과 다문화에 대한 포용력 확대, 이를 통한 도시 브랜딩과 브랜드 가치 상승이 진정한 의미의 글로벌 메가시티, 선진국의 수도에 기대되는 도시 아이덴티티이다. 따라서 역사문화콘텐츠 개발 정책 수립 과정에서 잠정적인 수혜자는 관광객과 같이 외부에서 유입된 인원이 아니라 그 도시에서 살아가는 시민이 되어야 한다. 정책 시행의 성패를 평가하는 사람은 관광객이 아니라 결국 시민이기 때문이며, 진정한 의미의 글로벌 메가시티에서라면 관광객 역시 시민이기 때문이다.

최근의 로컬콘텐츠 기획은 문화콘텐츠의 적절한 배치와 수익구조 문제와 같은 단순한 문제가 아니라 풀뿌리 민주주의, 문화다양성과 같은 시대의 가치들을 반영하고자 하는 경향이 강하다. 로컬콘텐츠 기획에 있어서 이를 가장 잘 담아내는 방법론으로 컬처 매핑을 들 수 있다. 다음 장에서 이에 대해 자세히 알아보도록 하겠다.

2. 컬처 매핑과 문화지리학[1]

1) 컬처 매핑의 개념

컬처 매핑은 최근 서구에서 중앙과 지방정부를 망라하고 문화기획 과정에서 각광받는 방법이다. 캐나다, 영국, 호주에서는 지역의 개발 방법론으로 쓰이고 있으며, 그 중에서도 문화정책기획(cultural planning), 문화관광, 커뮤니티 및 문화 개발, 문화산업 발전에 주안점을 두고 있다. "Creative City Network of Canada"와 같은 사례에서 보듯, 지방정부 단위의 정책결정 과정에서 많이 쓰였고, 문화다양성 보존에 이 방법을 적용했던 유네스코(UNESCO)와 같은 단체가 추천하는 방식이기도 하다.

컬처 매핑의 일반적인 정의는 "지역 문화자원 발굴 및 기록 도구

1) 제2장과 제3장은 저자 김기홍의 논문 「디지털 문화지도의 인식론적 함의」, 『현대유럽철학연구』 제46집, 2017의 일부 내용을 발췌하여 저서의 목적에 맞게 수정·보완한 것임.

(a tool to identify and document local cultural resources)"다.[2] 로메이로(Patrícia Romeiro)는 관련된 연구를 통해 컬처 매핑에 고유한 장점 두 가지를 제시한다. 첫째는 물질과 비물질적 문화자산을 모두 포섭한다는 것이다. 컬처 매핑은 말 그대로 문화적인 것들을 지도화한다는 것인데, 문화관광지도 개념이 아니라 가용한 모든 문화자원에 의미를 부여하고 자리매김한다는 의미가 더 크다. 따라서 물리적 장소, 기구나 조직, 특정 프로그램, 자연유산, 문화유적 등과 같은 물질적 문화자원과 함께 기억이나 서사, 가치, 관계, 의례, 스킬이나 실행방법과 같은 것들이 모두 컬처 매핑의 지도 안에 담길 수 있다는 것이다. 따라서 특정 집단 내의 물질-비물질 문화유산들의 관계와 의미까지도 포섭할 수 있다는 것이다.[3]

둘째, 컬처 매핑이라는 도구는 문화정체성, 생동성(vitality), 장소에 대한 인지(sense of place), 삶의 질을 명확히 하거나 함양하는데 도움을 준다는 것이다.[4] 많은 연구들이 공동체를 컬처 매핑 수행 과정에 가장 중요한 요소로 보고 있다. 특정 지역에 대한 컬처 매핑 연구를 수행할 때, 그 지역을 가장 잘 알고 있는 것도 공동체 구성원이고 매핑 결과물을 통해 가장 큰 수혜를 입는 것도 그들이다.[5] 컬처 매핑은 근본적으로 그 지역에 사는 사람들과의 관계를 통해

2) Romeiro, P., "Mapping the Intangibilities of the Historic Centre of Porto: ParticipA(C)TION (and its Challenges) in Cultural Mapping Projects", *Culture and Local Governance,* 5(1-2), 2015, p.138.

3) *Ibid.,* p.138.

4) Lee, D. & Gilmore, A., "Mapping cultural assets and evaluating significance: Theory, methodology and practice", *Cultural Trends,* 21(1), 2012, p.147.

5) Romeiro, P., *op. cit.,* p.138.

맵을 그려가는 것이다. 심지어 혹자는 연구 수행 과정에서 "공동체 구성원들이 문화자원과 이야기를 공유하는 것, 그리고 함께 작업해 나가는 관계 자체가 최종 결과물로서의 지도나 문화자산 목록보다 더 중요"하다고 주장하기도 한다.[6]

이와 같이 컬처 매핑은 문화적 자산을 조사, 연구하고, 지역 주민들과 협업하거나 그들의 문화 인식을 조사, 연구하는 활동을 일컫는다. 지방자치단체가 발주한 프로젝트는 주민들의 문화에 대한 인식 조사 자체가 컬처 매핑의 대상이 되기도 한다. 단순히 재화를 획득할 목적의 문화자원 개발도구가 아니라, 풀뿌리 민주주의의 강화와 같이 공동체 가치 함양에 방점이 실리기도 한다.

그럼에도 컬처 매핑은 문화지리학과 지도 제작의 범주에서 시작되었고, 이를 크게 벗어나지 않는다. 컬처 매핑은 지도에 대한 우리의 인식 변화를 반영하는 것이기도 한 것이다. 컬처 매핑을 깊이 이해하기 위해, 문화지리학과 지도에 대해 좀 더 알아보도록 하겠다.

2) 지도에 대한 인식의 변화

지도는 인류가 자연과 투쟁하는 과정에서 생존을 위해 발명한 것이다. 최초의 지도 또한 휴대용으로 제작된 기능적인 도구였다. 지도는 태생적으로 휴대성과 정확성이 중요한 요소였고, 이는 생존과 직결되는 문제였다. 스페인 북부 아바운츠(Abauntz) 동굴에서 발견된 작은 돌이 현재까지 발견된 가장 오래된 지도로 여겨지

6) *Ibid.*, p.138.

는데, 기원전 약 1만4천 년 전인 구석기 시대에 누군가 의도적으로 1킬로그램 남짓의 편편한 돌에다 여러 개의 선을 그어놓은 것이다. 발견자인 사라고사(Zaragoza) 대학의 연구팀은 수년간의 추가 연구 후인 2009년, 이 선들이 주변의 산과 강, 사냥감의 출몰지역 표시로서, 인류 최초의 지도라고 주장한 바 있다.[7] 사실이라면, 벽화가 아닌 돌을 미디어로 이용했다는 점에서, 사냥을 떠나 안전하게 귀환하는데 쓰인 휴대용 지도라는 추정이 가능하다.

지도제작의 발전 과정은 다채롭고 복잡한 역사를 가지나, 방향성은 일관되게도 정확성을 향상시키는 것이었다. 정확성은 과거의 오류를 지속적으로 보정하는 방식으로 개선될 수 있는데, 네덜란드의 대항해 시대를 열었던 유명한 메르카토르(Gerardus Mercator) 지도의 정식 명칭이 '항해용으로 개정되고 고안된 세계의 대륙에 관한 새롭고 향상된 설명(nova et aucta orbis terrae descriptio ad usum navigantium emendata et accomodata)'[8]이라는 점에서 지도제작의 정확성 개선의 방향을 가늠해 볼 수 있다.

보편성은 정확성과 함께 국가와 같은 중앙집권적 기구가 주도하는 공식화된 표준화 과정을 통해 획득되었다. 지리학, 천문학, 항해술 등과 함께 발전하는 과정에서 군사, 물류, 유통, 세제 등을 관할하는 권력기구에 의해 표준화를 지향해 온 선명한 특징이 있는 것이다. 가령, 중국의 우적도(禹跡圖)와 같은 지도는 조정이 제작하고 바위에 새겨 탁본을 통해 다량의 휴대용 지도 제작을 가능하게 했

---

7) Garfield, S., *On the Map: A Mind-Expanding Exploration of the Way the World Looks*, Gotham Books, 2013, p.416.

8) KBS <문명의 기억, 지도> 제작팀, 『문명의 기억, 지도』, 중앙북스, 2012, p.277.

는데, 이는 중앙집권적 표준화를 지향하는 한편 효율성을 극대화하고자 하는 태도라 보겠다.

지도는 특히 행정 구획과 연결망에 대한 정보를 담아 공공과 민간의 정책과 산업을 지원하는데 주로 쓰였다. 역사적으로 군사적 목적으로 빈번히 활용되었고, 지리학의 발전에 힘입어 지형과 지질, 기후, 식생 등을 담은 특수 목적 지도도 발전하며 치수(治水)를 위한 토건사업과 교통, 통신 인프라 구축 등 국토개발 정책결정의 중요한 자료로 활용되었다.

공공과 개인 소유의 토지구획 역시 공무집행자가 실제 땅에다 표시를 하는 방식이 아니라 지적도(地籍圖)와 같은 시각기호로 재현된 공부(公簿)를 통해 획정되고 공표되고 유지되므로, 대단히 민감하고 중요한 공문서로도 쓰인다. 지도는 단순히 위치와 장소의 표시가 아닌, 특정한 목적에 따라 정보가 수집되고 분류되고 해석되고 사용되는 매커니즘으로서, 복합적인 지식과 정보의 집적물인 것이다.

이런 이유로 지도 제작은 인구조사와 같이 국가에서 시행하는 대형 사업으로 진행되어 왔다. 군사시설과 같이 일반 지도에 표시되어서는 안 되는 기밀의 관리 측면에서도 그러하고, 도량형의 통일과 같은 국가 단위의 표준화 정책과도 결부되며, 지도제작 사업의 방대한 규모도 원인이 될 것이다.

한마디로 지도는 개인의 것이 아니었다. 그것은 국가, 조직, 문명의 것이었다. 바꿔 말하자면, 지도는 권력의 것이었고, 권력이 지도를 만들었으며, 지도는 다시 권력으로 환원되었다. 이니스(Herold Innis)에 따르면, 파피루스, 종이, 책과 같이 공간을 강조하는 가벼운 미디어를 통해 극소수 권력의 장소에 집적되었던 정보가 탈중심화되고 민주화될 때에도[9], 기왕에 만들어진 지도가 많이, 널리, 빨리 유포되었지만, 지도 제작은 그 수행의 지난함과 국가적 통제 때문에 개인의 것이 될 수 없었다. 광범위하게 지도가 쓰이게 되었으나 그것은 수동적인 것이었고, 지도를 통한 세계 이해는 주어진 것이었으며, 따라서 지도를 슬기롭게 활용하는 것 이외에 개인이 주체적으로 지도를 통해 무엇인가 의미를 생산한다는 발상은 없거나 극히 제한적인 것이었다.

절대공간 개념에 의해 객관적, 보편적 세계이해의 틀로서의 지도의 권위는 강화되었고, 지도에 대한 비판적 인식이나 능동적 접근 가능성은 약화되었다. 절대적 공간은 "유클리드의 공리와 공준에 의해 기술된 속성들을 가진 연속적이며 통일적인 공간"을 의미한다. 공간을 언제나 동일하고 불변의 것으로 규정한 뉴턴에 의해 추인되었고, 2천여 년 간 진리로 받아들여졌다.[10] 19세기 초반, 일련의 거센 도전들이 있긴 했다. 동물이 가진 서로 다른 공간 지각력에 대한 생물학자들의 연구나, 문화마다 서로 다른 공간 조직 방식을 연구한 사회학자, "관점들의 수만큼 서로 다른 공간들이 존재한다는 사실이 함축"된 니체(Friedrich Nietzsche)와 가세트(José Ortega y Gasset)의 관점주의(perspectivism) 등이 그것이다.[11] 그러나 공간에 대한 인간의 보편적 인식의 변화라는 관점에서 보자면, 결국 소수일 수밖에 없는 지식인과 예술가들에 의한 다분히 지엽적인 운동

9) Innis, H., *The Bias of Communication*, University of Toronto Press, 1952.
10) 스티븐 컨, 『시간과 공간의 문화사』, 박성관 옮김, 휴머니스트, 2004, p.334.
11) *Ibid*., p.334.

에 불과했다.

절대적 공간 개념의 공리(axiom)화는 가시적이고 촉각적이고 개인적 경험 속에 존재하는 공간들을 추상화시켜 일반 개념으로 만들었다. 이 논의에는 주로 칸트가 거론된다. 중요하게 다루어지지 않으나, 칸트는 대학에서 40여 년간 자연지리학을 강의한 바 있다. "세계의 여러 사람들과 그들의 세계에 대해 자신의 학생들을 계몽시킴으로써 그들이 (도덕적으로뿐만 아니라 실생활에 있어서도) 보다 나은 삶을 살게 만들려는 노력에 있어서 지리적 사유가 중요한 요소라는 믿음"에서 비롯된 것이라 한다.[12] 칸트는 지리학을 모든 학문의 필수선행과목으로 여겼다. 쾨니히스베르크를 떠난 적이 없다시피 한 칸트가 의미 있는 지리답사와 이를 통한 연구와 같은 것을 수행했을 가능성은 희박하다. 그러나 지리와 관련하여 그의 영향력은 지대한 것이었는데, 절대적 공간 개념과 관련이 있다.[13]

> '절대적 공간'은 어떤 행위에 주어진 장(場)이다. 자연적, 사회적 사건과 과정은 '공간 내에서' 발생하기 때문에, 그 위치는 일정한 좌표 체계에 따라 측정될 수 있다. 절대적 공간은 철학적으로 데카르트와 칸트에서 유래되었다.[14]

칸트가 <순수이성비판> 1장에서 설명하는 바와 같이, 공간과 시

12) Louden, R. B., *Kant's Impure Ethics: From Rational Beings to Human Beings*, Oxford University Press, 2000, p.65.

13) 팀 크레스웰,『지리사상사』, 박경환·류연택·심승희·정현주·서태동 옮김, 시그마프레스, 2015.

14) Smith, N., *American Empire: Roosvelt's Geographer and the Prelude to Globalization*, University of California [Berkley] Press, 2003, p.12.

간은 현상 중에서 가장 일차적인 것이며, 그 자체로 사물은 아니고 사물을 지각하는 방식이다. 인간은 지각되는 것 외에 사물 자체(Ding an sich)를 알 수는 없으며, 사유는 인간의 의식 내부의 인식의 지평으로서의 범주(categories)를 통해 가능하다.

절대적 공간이라는 것은, "세계의 모습이 아니라 우리가 세계를 이해하는 방식의 모습"이다. 이처럼 절대적으로 상정된 공간 범주를 통한 세계의 이해가 인간 정신에 틀 지워진 운명이라면, 따라서 인식의 단계부터 고정불변의 절대적 공간 범주의 지배를 받는다면, 인간은 어떤 사상을 "지리적, 역사적 특수성 속에서 이해"해야 한다거나 어떤 것이 "'사회적으로 만들어졌다'고 말하는 것이 불가능"하게 된다.[15]

칸트가 이러한 논의와 결부된 당대의 사정은, 세계의 물리적 구성 상태에 관한 학문인 지리와 지도 제작이 필연적으로 신의 창조라는 거대한 도그마 혹은(그리고) 이데올로기와 충돌하도록 되어 있는 당대의 분위기에 대한 그의 위기의식과 관련이 있다. 지리학 강의는 그에게 신의 존재 증명 불가능성을 알리고 계몽해야 할 필요성을 상기시킨 것으로 보인다. "산맥은 자연법칙을 따라 형성되므로, 지리학자들의 임무는 산맥을 조사하는 것이지 신의 섭리에 있어서 산맥의 역할을 사유하는 것은 아니"라는 말에서 그의 문제의식을 잘 느낄 수 있다.[16] 학문의 전개를 위해 과학으로서의 지리학은 신학과 분리되어야만 했다.

---

15) 팀 크레스웰, *op. cit.*, p.55.
16) Livingstone, D., *The Geographical Tradition: Episodes in the History of a Contested Enterprise*, Blackwell, 1993, p.117.

철학자인 그가 학생들을 대상으로 자연지리학을 강의한 이유도 충분히 짐작된다. 이러한 인식을 바탕으로 칸트는 자연지리학뿐만 아니라 수리지리학, 도덕지리학, 정치지리학, 상업지리학, 신학지리학 등의 여러 하위 범주를 정의했다. 이는 오늘날의 문화지리학, 경제지리학, 정치지리학과 유사한 개념이다.[17] 그러나 그 성격은 완전히 다르다.

절대적 공간 개념은 특히 공간의 의미와 가치를 특권화한 포스트모던의 도래와 함께 공격을 받아왔으나 그 영향력은 여전하다. 지리, 지도에 대한 인간의 인식에 큰 영향을 미친 것이다. 지도는 있는 그대로의 세계를 축소해 놓은 것이라는 방향으로 고도로 신화화되었으며, 그럼에도 그것이 재현일 뿐 세계 자체가 아님은 알기 때문에 지도를 가지고 무엇을 할 수 있으리라 생각하기는 힘든, 가치중립적이고 절대적이며 주어진, 그래서 받아들이고 활용하면 되는 '눈앞에 주어진 한 덩어리의 진실'로 여겨지게 되었다. 지리와 지도에 대한 보편지향성과 절대적 공간 인식은 실증주의, 사회진화론과 만나 '글로벌', '글로벌라이제이션'으로 향하게 된다.

절대적 공간 개념은 이론 자체의 정합성과 같은 문제보다 개념 확산의 부산물로서의 인식의 변화와 그에 수반된 정치적 행위들에서 문제점을 찾을 수 있다. "[지도적] 재현은 사실을 만드는 힘을 가진다"[18]는 퍼스(C. Peirce)의 주장과 같이, 서구에서 발현된 이 개념은 유럽중심주의, 미국중심주의와 같은 제국주의적 가치가 실제로

---

17) 팀 크레스웰, *op. cit.*, p.53.
18) Peirce, C. S., "New Elements", in Peirce Edition Project (ed.), *The Essential Peirce: Selected Philosophical Writings* 2, Indiana University Press, 1998, pp.300-324.

발현하게 된 원인을 제공했다.

> 실제적 의미에서 절대적 공간은 사유재산의 공간, 국가 영토의 공간으로 이해될 수도 있다. 뉴턴의 물리학의 공간과 국민국가가 만드는 공간은 사실상 같은 공간이며, 19세기 유럽의 팽창과 식민주의가 만들어낸 공간이나 유클리드의 기하학적 공간도 마찬가지다. 서양의 경우 절대적 공간은 상식적인 공간이 되어 버렸다.[19]

지도는 그 보편지향적 본성 자체가 글로벌라이제이션과 자연스럽게 어우러지는 특성을 지녔다고 여겨진다. 이 주장은 지도 발전이 추구해 온 보편지향성의 궤적이 로고스 중심주의, 과학주의와 궤를 함께 하고 있음을 통해 쉽게 지지받을 수 있을 것으로 보인다. 지정학, 지형학, 지질학, 기하학, 기상학, 생물학, 측량학 등 많은 학문 분과가 지리학의 발전에 기여해 왔다. 자연지리학에 대별되는 인문지리학의 존재를 상기한다면, 관념론, 유물론이나 현상학과 같은 철학적 방법론 또한 큰 영향을 미쳤음을 알 수 있다. 그러나 지도의 발전과 관련하여 가장 큰 영향은 실증주의와 "아마도 근대 지리학의 발달에 가장 큰 영향을 미친 것은 진화론일 것"[20]이라는 크레스웰(Tim Cresswell)의 주장과 같이 사회진화론이라고 볼 수 있다.

실증주의의 영향은, 측량과 계산을 기반으로 하는 지도 제작술의 본성이 과학 및 공학기술과 친화적일 것이라는 직관 내지는 상

19) Smith, N., *op. cit.*, p.12.
20) 팀 크레스웰, *op. cit.*, p.60.

식에 크게 위배되지 않는다. 그러나 그보다 공간에 대한 지배적 인식으로서의 절대공간 개념에 실증주의적 진리의 증명서를 발급해 주고 유포했다는 점이 훨씬 큰 영향으로 여겨진다.

실증주의의 (왜곡된) 영향은 사회진화론과의 결합에 대해 검토한 지리학 연구를 통해 확연해 진다. 진화론의 핵심은 자연선택에 의한 적자생존과 하등한 것에서 고등한 것으로의 직선적 발전이며, 사회진화론의 핵심은 국가를 개체나 종으로 환원시킨 다음, 위의 두 가지 원칙을 정치발전의 일반적 단계로서 추인하고 합리화한 것이다.

지리학에서는 프리드리히 라첼(Friedrich Ratzel)의 <인문지리학(Anthropogeographie)>을 사례로 들 수 있나. "진화법칙에 따라 발전하는 땅이야말로 사람들을 연결하는 물질적인 고리이자 사람들을 가지고 유기적인 단위를 형성하는 장본인"으로 본 라첼은 "문화의 발전단계가 낮은 민족은 공간적으로도 작다"며, '작은 공간에서 큰 공간으로의 진전'이라는 장을 통해 제국주의 윤리의 불문율이 된 공리를 발표한다. "크면 좋다"는 것이다.[21]

이런 진화론적 배경에서 실증주의적 과학에 바탕을 둔 지리학은 "지구 표면이 문화와 정치에 어떤 영향을 끼치는지 탐구하는 거리(distance)의 과학"이 되는 것이 당연했다.[22] 거리의 과학은 무엇인가? 국가의 영토는 클수록 좋다고 주장했는데, 크면 무엇이 좋으며 왜 좋은가를 과학적으로 설명하는 것이다. 그는 "영토 확장에 대한

---

21) 스티븐 컨, 『시간과 공간의 문화사』, 박성관 옮김, 휴머니스트, 2004, p.542.

22) Ratzel, F., *Anthropogeographie*, 1882, pp.236-8, p.253. ; 여기서는 스티븐 컨, *op.cit.*, pp.542-543에서 재인용.

최초의 자극은 외부, 즉 더 고등한 문명에서 하등한 국가 쪽으로 가해"지며, 국가의 공간은 문화의 성장, 생산, 사업 등과 함께 영토의 확장으로 연계되게 되어있다고 주장한다.[23] 생명체가 하등한 세포에서 고등한 동물로 진화해 가듯, 유기체인 국가 역시 그런 발전 단계를 겪게 되며, 따라서 한 국가의 강성함과 나약함은 자연계의 약육강식이나 자연선택과 같은 법칙의 지배를 받게 된다는 것이다.

거리의 과학으로서의 지리학은 실증주의와 진화론이 결합한 지리에 대한 인식을 적나라하게 보여준다. "국가를 '계속 성장하든가 아니면 죽든가 해야 하는 하나의 뿌리 깊은 유기체'라고 해석"한 것이며, 영국이 세계 여러 나라로 팽창함으로써 막강해진 것과 같이, 제국주의적 확장으로서의 세계 정책(Weltpolitik)의 발전은 한 국가의 발전에 있어 "공통적으로 거치게 되는 단계"로 합리화 된다.[24]

이렇듯 지리와 관련된 철학은 "유럽의 민족주의에 흡수되어 독일, 프랑스, 영국 등의 다양한 지리 학파들이 팽창주의, 식민주의, 심지어 나치주의 등의 민족·정치·전략적 이데올로기를 반영하고 심지어 정당화'하는 도구로 사용된다.[25] 제국주의 유기체로서의 국가들의 팽창본능은 실증주의의 부산물이라 할 측정과 수학적 계산에 의한 비교검토를 끊임없이 요구하게 마련인데, 이는 노비코프(J. Novicow)가 말한 '제곱킬로미터의 숭배'를 낳게 된다.

---

23) *Ibid.*, p.543.
24) *Ibid.*, p.544.
25) 하름 데 블레이, 『왜 지금 지리학인가』, 유나영 옮김, 사회평론, 2015, p.27.

> 1880년까지 프랑스, 영국, 포르투갈은 100만 제곱마일에 달하는 아프리카 해안지역을 과자를 먹듯이 야금야금 뜯어먹는 데 만족하고 있었다. 1890년이 되면 이탈리아, 독일, 벨기에, 스페인이 합해서 약 600만 제곱마일을 차지했다. 1924년에 이르러서는 에티오피아와 리베리아를 제외한 거의 전 지역, 약 1,150만 제곱마일에 걸친 지역이 유럽의 지배 치하에 들어갔다. 프랑스 423만 8천 제곱마일, 영국 349만 5천 제곱마일, 독일과 이탈리아가 각각 약 100만 제곱마일, 벨기에 80만 제곱마일, 포르투갈 78만 제곱마일, 스페인 7만 5천 제곱마일... 이런 식이었다. (…) 노비코프가 말하는 '제곱킬로미터의 숭배'는, 마르크스가 말한 상품에 대한 물신숭배처럼 물실적 가치를 과대평가하면서 인간의 비참한 현실은 은폐해버리는, 말하자면 가치에 대한 집단적 신비화였다. '제곱킬로미터의 숭배'는 원주민들의 고통을 대강 얼버무리고 제국이 수여받는 상만 일방적으로 찬양했다. (…) 커다란 국토야말로 위대함의 증거라는 관념은 '보편적인 전제'였다.[26]

땅따먹기로서의 제국주의는 당연하게도 현대적 의미의 글로벌라이제이션의 맹아다. 그것이 추구한 궁극의 목표는 하나가 되는 것이다. 하나 된 영토에서 하나의 정부를 구성하여 동일한 법의 지배를 받고 표준화와 균질화, 보편화를 지향하자는 것이다.

이런 의미에서, 부분들이 질서 정연하게 구성되어 지구라는 통합체를 이루고 있으며, "모든 현상이 서로 연관되어 있고, 특수 사실의 연구에 보편적 법칙을 따라야 한다는 관념"에 입각해 지리학의

26) 스티븐 컨 *op. cit.*, pp.560-561.

지배적 개념을 지구 통일(unité terrestre) 이론이라고 주장한 사례나, 19세기에 이미 지구조직체론(organisme terrestre)이 큰 반향을 일으킨 것은[27] 지리학이나 지도가 하늘 아래 모든 땅과 물을 하나로 담아내고자 하는 방향성을 가져왔다는 사실을 말해준다.

기후학의 발달을 통해 국경 개념을 완전히 초월하는 전 지구적 기상 메커니즘이 강조되고, 동식물학과 연계된 식생지리학의 발달로 생태계 개념이 창안되고 유포된 일 역시 '하나인 지구의 재현' 내지는 '지구를 하나로 재현'하고자 하는 방향성에 크게 기여한 것으로 보인다. 지도는 가치중립적인 용어가 아니라 과학주의적 표준화, 이성중심주의, 제국주의적 함의를 가지는 것이다. 많은 이들이 구글과 같은 다국적 기업이 제공하는 전자 지도를 단순히 다양한 기능을 탑재한 사용이 편리한 지도 정도로 여기지 않는 이유다.[28]

글로벌라이제이션은 무엇인가? 균질화된 시스템 통합이며 기본 원리는 자본주의다. 1989년 공산권 붕괴 이후의 세계를 글로벌라이제이션으로 설명한 학자 토머스 프리드만(Thomas L. Friedman)은 "모든 정치는 이제 더 이상 로컬이 아니라 글로벌적이 되었다. 모든 나라가 자국을 글로벌 시스템의 일부라고 여기는 것은 아닐 것이다. 그러나 모든 나라가 직간접적으로 글로벌 시스템에 의해 영향을 받고 조형되고 있음은 틀림없다"[29]고 주장한다.

문제는 글로벌라이제이션이 첫째, 제국주의적 성질을 가지고 있

27) 폴 비달 드 라 블라슈 지음, 에마뉘엘 드 마르톤 엮음, 『인문지리학의 원리』, 최운식 옮김, 교학연구사, 2002, p.15.
28) Farman, J., "Mapping the digital empire: Google Earth and the process of postmodern cartography", *New Media Society,* 12, 2010. pp.869-888 참조.
29) Friedman, T. L., *The Lexus and the Olive Tree*, Anchor Books, 2000, p.76.

으며, 둘째, 독일 정치이론가 카를 슈미트(Carl Schmitt)의 표현을 빌려 지배적인 특징을 설명하자면, 냉전 시대가 친구와 적으로 나뉜 세계였다면, 공산권 붕괴 이후 글로벌화된 세계에서는 모든 친구와 적이 경쟁자가 된다는 것이다.[30]

국가 유기체론과 같은 것은 과거의 잔재가 되었지만, 글로벌라이제이션의 성질과 원리에 기반을 둔 기업들과 서비스의 새로운 땅따먹기 전쟁이 전개되고 있다. 아이러니컬하게도, 지식정보와 소통플랫폼의 민주화를 가장 앞서서 제공하는 소셜네트워크 기업이 땅따먹기 경쟁의 가장 좋은 사례가 되고 있다. 탈중심적 방법을 가장 앞서서 제공한 기업들이 거대 데이터의 독식을 통한 중앙집권화에 성공하며, 유관 산업인 빅데이터와 인공지능 분야를 독섬할 채비를 하고 있다. 구글이 사들여 키운 알파고가 최정상 바둑 기사들을 모두 패배시킨 다음 은퇴를 준비한다는 기사를 내 보내는 것은, 방대한 데이터 분석을 통해 바둑 관련 지식을 모두 흡수한 지금, 이 단계에서 '볼 일을 다 보았음'을 의미하는 것이며, 다음 단계로 진화하기 위해 진격해야 할 영토를 찾고 있다는 의미다. 현대적 의미의 글로벌라이제이션의 전형적인 사례다.

30) *Ibid.*, p.12.

3. 전자지도 시대의 로컬콘텐츠와 컬처 매핑

디지털 기술의 발전과 더불어 우리는 역사의 어느 시기보다 지도가 범람하는 세계에 살게 되었다. GPS 기술이 적용된 내비게이션이 스마트폰의 어플리케이션으로 대체되면서, 굳이 운전석에 앉지 않아도 편리하게 실시간으로 지도를 확인하며 이동하게 되었고, 도로 상황 CCTV 실시간 중계, 스트리트 뷰(Street View)와 같은 기능들이 개인 스마트 미디어에 연동되며, 인류는 앉아서 세상을 다 볼 수 있는 전자 천리안이 되어가고 있다.

이와 함께 디지털 문화지도, 전자 문화지도, 멀티미디어 문화지도와 같은 용어들이 일상생활 속에서 쓰임새를 더해가고 있다. 해당 지역 관련 정보를 담은 수많은 지도를 레이어(layer)로 켜켜이 쌓아 놓고, 언제든 실시간으로 꺼내볼 수 있어서, 여행뿐만 아니라 사업이나 학술과업 수행에도 쉽게 이용하고 있는 형편이다. 저가 3D 카메라의 등장과 AR 기술 보편화 등 디지털 지도 제작 및 활용의 질적, 양적 가능성이 큰 폭으로 확대되면서, 지도에 대한 인식의 변화와 새로운 패러다임 제시가 가능하지 않을까 기대되기도 한다.

우려도 많다. 이러한 서비스가 가능한 배후에는 기술이 있고, 그 기술을 실현시키는 것은 자본이다. 마이크로소프트, 구글과 같은 세계 굴지의 글로벌 기업들이나 한국의 경우에도 NHN(네이버)과 같은 대기업이 아니면 불가능한 기술이다. 많은 경우 길찾기 류의 서비스는 온라인 상품구매로 연동되고 있다. 디지털 지도를 이용해 이윤을 발생시킨 기업들은 서비스 기업들에게 어떤 식으로든 대가를 치르거나, 상품성이 높을 경우 대기업이 인수하는 경우도 허다하다. 디지털 지도의 범람은 많은 이들의 이용을 독려하고 세계에 대한 이해를 도모하도록 돕는 디지털 민주주의 현상이거나, 기술-자본 결합을 통한 양극화의 심화를 초래하는 독점자본주의적 폐해라는 양극단 사이의 어느 지점에서 판결을 기다리는 것으로 보인다.

디지털 문화지도가 어떤 의미생산이 가능한지 검토할 필요성이 제기된다. 먼저, 디지털 지도에 대한 우려와 방향성에 대해 논하고, 그 철학적 근거에 대해 알아보겠다. 이어서 지도 발전의 궤적을 짚어보며 지도에 대한 인간의 인식의 흐름을 추적하고, 문화지도와 디지털지도에 대한 올바른 인식과 가능성에 대해 검토하도록 하겠다. 특히 지도 발전의 글로벌라이제이션적 함의와 디지털 문화지도의 로컬적 함의를 대립쌍으로 점검하며, 앞서 컬처 매핑에서 강조했었던 풀뿌리적 문화 생산 플랫폼으로서의 디지털 문화지도의 자리를 마련해 보고자 한다.

1) 디지털 지도의 두 얼굴

우리는 일상생활에서 구글맵과 같은 디지털 지도를 편리하게 이용한다. 구글어스나 구글 스트리트맵, 연동된 길찾기와 부가 서비스들은 놀라운 기술력을 보여주고 있으며, 생활 전반에 걸쳐 큰 편의성을 제공한다. 이와 같은 지도는 공짜가 아니다. 외견상 무료로 제공되는 지도 서비스를 이윤으로 환원하는 메커니즘이 매우 정교하고 복잡하며 거시적이어서 잘 드러나지 않을 뿐이다. 따라서 간접적으로 지불하는 대가와 디지털 지도를 이용하며 얻게 되는 편의성의 암호화된 등가성을 해독하는 작업이 필요할 것이다.

글로벌 기업들이 디지털 지도에 관심을 가진 액면상의 이유는 스마트폰 사업과 관련이 있다. 책상에 고정된 개인 컴퓨터(PC)를 주로 쓰던 시절에는 이동이 문제가 되지 않았다. 컴퓨터와 인터넷의 기능을 고스란히 탑재한 스마트폰은 개인이 지참하고 이동하는 것이며, 이는 상품 생산과 소비, 비즈니스와 서비스, 교육과 오락 등 모든 이윤이 사용자의 이동 중에 창출됨을 의미한다. 바꿔 말해, 이동하며 편리하게 다채로운 목적을 달성하도록 지원하는 스마트 서비스와 하드웨어가 IT 비즈니스의 생명이 된 것이다. 모든 이윤의 근간인 소비자와 기기의 위치추적의 중요성이 크게 부각되었고, 마이크로소프트, 애플, 구글, 페이스북과 같은 글로벌 기업들이 디지털 지도 기술 확보와 사업에 뛰어들었다.

아래 2006년과 2016년 세계 최대 기업들의 순위와 자산규모 비교 표에서 보듯[1] 인터넷이 글로벌 기업 이윤창출의 핵심이 되었고,

1) Taplin, J., “Is It Time to Break Up Google?”, 미국 일간지 <뉴욕타임즈>

빅데이터 시대가 열리며 고객 개개인에 대한 방대한 정보의 수집이 경쟁력의 요체가 되었다. 개인의 소비 패턴은 물론 심지어 맥박의 수까지 측정하는 웨어러블 기기가 출시된 마당이어서, 지도를 기반으로 모든 정보를 수집하고 정렬하는 디지털 지도 기술의 확보는 더욱 중요한 일이 되었다. 지도는 막대한 양의 부가 정보를 축적할 수 있는 기업 이윤창출의 플랫폼이고, 사물인터넷이나 무인운전자동차와 같은 미래형 산업의 핵심인 것이다.[2)]

<표 4> 지난 10년 기업규모 최상위 그룹 변화양상(출처:<뉴욕타임즈>)

2006		2016	
1	엑손모빌 (석유)	1	애플 (스마트폰)
2	GE (전자, 자동차)	2	구글 (인터넷)
3	마이크로소프트 (컴퓨터)	3	마이크로소프트 (컴퓨터)
4	시티그룹 (금융)	4	아마존 (인터넷)
5	뱅크 오브 아메리카 (금융)	5	페이스북 (인터넷)

이에 대한 우려가 지속적으로 제기되어 왔다. 지도, 위치정보와 같은 공공재적 성격의 콘텐츠를 기업들이 독점하는 행위에 대한 당위성 시비, 기반기술을 바탕으로 구축된 시장 독점 체제에 대한 정의론적 문제제기, 수억 명의 개인정보의 사유화에 대한 공정성 시비 등 다양하다. 관통하는 핵심은 기술과 자본에 의한 모든 것의 획일화 문제다.

인터넷판 기사, 2017년 4월 22일, https://www.nytimes.com/2017/04/22/opinion/sunday/is-it-time-to-break-up-google.html. 접속일 2017.05.11.

2) Fisher, A., "Google's Road Map to Global Domination", 미국 일간지 <뉴욕타임즈> 인터넷판 기사, 2013.12.11., http://www.nytimes.com/2013/12/15/magazine/googles-plan-for-global-domination-dont-ask-why-ask-where.html. 접속일: 2017.05.11.

자유주의 경제학계에서는 시장생태계 교란을 우려한다. MIT 경제학자인 스턴(Scott Stern)과 거즈만(Jorge Guzman)은 소수 글로벌 기업들이 기술 독점을 바탕으로 규모가 방대해진 것은 점진적으로 기득권을 가진 대기업들에게 더욱 유리해지고, 새로운 시장진입자들에게는 점점 불리해지는 구조를 만들어 자유경쟁을 훼손할 것으로 우려했고, 오바마 정권 시기 경제자문을 했었던 오스잭(Peter Orszag)과 퍼먼(Jason Furman)은 기술과 정보 독점을 통한 과도한 이윤창출이 경제적 불평등을 초래할 것으로 우려한다. 구글은 광고시장의 88퍼센트를 점유했고, 페이스북은 인스타그램을 포함해 77퍼센트의 모바일 트래픽을 가져가고 있으며, 아마존은 e-북 시장의 74퍼센트를 점하고 있으니, 문제제기는 당연하다고 보겠다.[3)]

몇 몇 주요 기업들의 힘이 너무나 막강한 현실에서, 디지털 지도 등 다양한 스마트폰 사용 행위 과정에서 발생한 막대한 개인정보를 취급하는 방식과 태도도 문제가 되었다. 그 메커니즘은 매우 정교하고, 어떤 의미에서는 교활하다. 인공위성 판옵티콘이나 빅브라더식의 일망 감시라면 구체적으로 저항할 수 있겠으나, 이들의 방식은 수억 명의 유저들이 디지털 지도를 이용하는 과정에서 정보를 실시간으로, 반복적으로, 꾸준히, 또 자연스럽게 기업에 스스로 보고하는 시스템이다. 누가 어디서 무엇을 했는가에 대한 막대한 양의 메타데이터는 기업의 소유가 되며, 인터넷에서 정보를 수집하는 어플리케이션인 API 등을 통해 개인이 (설령 연구목적이라 하더라도) 취득할 수 있는 정보는 극히 제한적일 뿐이다.

기술-자본-정보 독점에 대한 문제제기는 지도가 가진 인식론적,

---

3) Taplin, J., *op. cit.*

정치경제적 함의에 대한 비판적 성찰로 나아간다. 독점이 유지되는 메커니즘에 대한 비판적 분석이다. 핵심은 디지털 지도가 세계에 대한 객관적 재현이라기보다 우리의 인식을 특정한 방향으로 유도하고자 하는 누군가의 의도를 담은 주관적 기획이라는 점이다. 문제제기가 좀처럼 되지 않는 것은 지도를 세계의 구성 상태에 대한 과학적인 시각보고서 정도로 오해하는 우리의 인식에서 찾아야 한다. 그래서 구글 맵과 같은 특정 회사의 특수한 기획 상품은 객관적이고 보편적인 지도라는 허위투성이의 자명성, 즉 신화로서 쉽게 은폐된다는 것이다.

지도가 기본적으로 재현이라는 점에서, 이는 문화연구에서 활발히 전개되었던 재현의 정치(politics of representation) 개념과 정확하게 일치한다. "누가 세상에 대한 권위 있는 재현을 만들어내는 권력을 지니고 있고, 무엇이 혹은 누가 과학적 재현의 주체 혹은 객체를 정당화하고 있는가?"[4] 이 문제는 인문지리학의 오랜 과제로서, 지리학자 해러웨이가 신의 속임수(God trick) 개념을 통해 날카롭게 진단한 바 있다.

> "시각적인 것은 시각도구를 필요로 하며, 이때 [시각적인 것을 가능하게 하는] 광학은 정치적으로 위치 지워진다. 시각의 도구는 관점(standpoint)을 중재한다. 피지배자(the subjugated)의 관점에서 비롯된 즉각적인 시각이란 없다. 자기정체성을 포함한 정체성은 과학을 생산하지 않는다. 비판적 자리매김이 이른바 객관성

4) 울프 스트로마이어, 「포스트 구조주의」, 박경환 옮김, 데이비드 앳킨슨 외 『현대 문화지리학 : 주요개념의 비판적 이해』, 논형, 2011, p.39.

을 생산하는 것이다. 오직 지배자의 위치를 점하는 것만이 자명하고, 투명하고(unmarked), 체화되지 않고, 중재되지 않고, 초월적이며, 재생산될 수 있는 것이다. (…) [그러나] 보편적인 시점에서의 지식이라는 것은 실제 환상일 뿐이며, 왜곡이며 비이성적이다. 실재하지도 않고 권위도 없는 객관성의 시각이라는 것이 가능한 위치는 주인님, 남성, 하나뿐이신 하나님으로서, 그들의 눈은 생산하고, 조화시키고, 모든 차이에 질서를 부여[해 정리]한다. 유일신사상 하에서, 무관심은 있었을지언정 그 누구도 신의 객관성을 의심한 바 없다. 신의 속임수는 자명하며, 우리는 창조, 지식, 전지성에 대해 잘못 알고 있었던 것이다."[5]

로고스 중심주의에 기반을 둔 권력의 진리담론 구성에 대한 해체를 시도한 것이다. 지도와 지도 제작은 객관적인 지리정보 전달이 아니라 권력이 견인한 환원주의적 사유의 원천이자 결과물임에 틀림없다.[6] 디지털 지도 논의에 적용하자면, 구글 맵과 같은 디지털 지도는 세계를 있는 그대로 축소해 놓은 객관적 재현물이 아니라 기술자본 권력이 추가적인 자원 확보를 위해 의도적으로 편집한 창작물임을 자각하는 것이 중요한 것이다.

쉽지 않다. 지도에 대한 우리의 (왜곡된) 인식은 공고하다. 우리는 지도를 자명한 것으로 믿으며, 그 믿음은 실제 세계와 지도적 재현에 대한 우리 개개인의 반복적인 비교 관찰에 기인한다. 지도라는

5) Haraway, D., "Situated knowledges: the science question in feminism and the privilege of partial perspective", *Feminist Studies* 14, 1988, pp.586-587.
6) Harley, J. B., "Deconstructing the map", *Cartographica* 26, 1989, pp.1-20.

것은 좀처럼 어떤 문제제기를 허용하지 않는 힘이 있는 것 같다. 이 힘의 근원은 객관적 재현에 대한 믿음이며, 절대 공간이라는 신화에 근거를 두고 있다. 다음 장에서 지도 발전의 일반적 궤적에서 절대 공간 개념이 차지하는 영향력에 대해 검토하겠다.

2) 절대 공간의 발견이 아닌 장소 만들기로서의 컬처 매핑

무엇보다 그 가시성 때문에 우리는 지도를 있는 그대로의 세계를 축소해 재현한 것으로 쉽게 믿는 경향이 있다. 이는 물론 (바르트적 의미에서, 특정한 의도가 은폐된) 신화다. 지도는 "제작자의 세계관을 반영"하며, 그가 제시하는 바는 "상당 부분 제작자 자신의 문화적·정치적 견해 -심지어 지도 제작자 자신의 상상력-의 산물"[7]임이 간과되어서는 안 된다. 과학적 접근과 기술적 활동의 산물이지만 그것이 객관성을 보장해 주지는 못한다. 지도는 원래부터 해석과 비평을 필요로 하는 창작 텍스트였던 것이다.

그렇다면, 지도 창작을 통해 민주적이고 참여적인 의미생산의 방법은 없는 것일까? 이론의 세계에서 논의는 무르익고 있으며, 디지털 시대의 도래와 함께 분위기와 기술적 가능성은 충분히 조성되었다. 포스트모던 이래 "지도는 영토의 객관적인 시각화가 아니라 지도를 창조한 사회의 문화적 관점들로 충만한 가변적인 기표

7) 아서 제이 클링호퍼, 『세계지도에서 권력을 읽다』, 이용주 옮김, 알마, 2007, p.23.

(unstable signifiers)"[8]라는 주장과 함께 '절대'는 사라지고 있다. "우리는 공간이 선재하는 공허가 아님을 알고 있다"고 선언한 르페르브(Lefebvre)의 영향이 크다. 그는 "절대적 공간을 비판하고 기각한 것은 내용으로 채워지기를 기다리는 컨테이너와 같은 특정한 재현을 거부한 것"이라며 절대적 공간 개념을 전면 부정한 바 있다.[9]

> "공간은 그 속에 담긴 사물들에 앞서서 존재하는 것이 아니라 반대로 사물이 존재한 후에야 비로소 나타난다. 절대적 (뉴턴적) 공간 개념 하에서는 우리가 공간의 '생산'에 대해서 말하는 것은 어불성설에 불과하다. 왜냐하면 공간은 필연적으로 모든 것에 앞서서 존재하기 때문이다. 그러나 상대적 공간의 개념 아래서는 공간은 언제나 산물이다. 왜냐하면 공간은 사물들이 자리를 잡은 후에야 나타나기 때문이다"[10]

이와 함께 지리학 또한 문화적 전환(cultural turn)과 함께 큰 폭의 변화를 겪었다. 마르크스주의, 페미니즘, 포스트모던과 포스트구조주의 등 문화연구와 완전히 같은 발전궤적을 보인 이래, 이제 비재현적이고 관계적 지리학으로 나아가고 있다.

지도제작의 역사를 보는 시각도 변하고 있다. 비록 중앙집권적 권력과 인증의 권위, 획일적 목적과 시각의 지배를 크게 받았지만, "필사의 시대에서 인쇄의 시대로 이행되면서 지도제작의 업무 분

---

8) Farman, J., *op. cit.*, p.874.
9) Lefebvre, H., *The Production of Space*, Blackwell Publishing, 1991, p.170.
10) 팀 크레스웰, *op. cit.*

화가 크게 촉진되었고, 지도 복제가 점점 늘어남에 따라 단일한 목적에 의한 하나의 지도제작자와 같은 관념은 점차 모호"해졌다는 주장과 같이[11] 지도제작의 역사를 보는 시각 자체가 풀뿌리를 지향하는 방향으로 선회했다.

글로벌과 로컬의 합성어인 글로컬라이제이션 개념은 그 자체로 긍정적이거나 부정적인 것은 아니지만, 논의의 목적에 따라 글로벌라이제이션의 폐해를 극복하고자 하는 선명한 방향성을 지닌 '기획 조어'라고 할 수 있다. 글로벌의 폐해라 함은, 주어진 의미를 받아들여야 하는, 전 세계적으로 조직화되어 거부할 수 없는 균질과 획일을 의미한다. 따라서 글로벌이 절대적 공간을 지향하며 로컬을 글로벌화 시키려 한다고 전제할 때, 글로컬 개념은 상대적 공간을 찾아내어 풀뿌리적인(grassroots) 의미를 생산하고자 하는 운동성이나 방향성이라고 할 수 있다.

이런 의미에서 최근의 지리학과 디지털 문화지도 연구를 들여다보면, 공간을 상대적으로 보고자 한 오랜 시도가 재발견 되는 등의 가능성을 발견할 수 있다. 가령, 칸트와 동시대인으로서, 공간을 사물들 간의 관계의 산물로 인식한 라이프니츠를 들 수 있다. 다만 그 영향력이 데카르트-뉴턴-칸트를 넘어 초역사적이 되어버린 유클리드적인 세계관 및 공간관을 대체하기에 역부족이었던 것이다. 그러던 것이 후기구조주의, 해체주의, 포스트모던의 흐름 속에서 공간의 재발견 움직임에 힘입어 크게 부각된 것이다.

---

11) Harley, J. B., "Text and Contexts in the Interpretation of Early Maps", in J.H. Andrews (ed.) *The New Nature of Maps: Essays in the History of Cartography*, Johns Hopkins University Press, 2001, p.38.

이런 패러다임 변화는 개인화를 지향하는 디지털의 성질과 관련이 있다. GPS 등 기술 발전에 의한 위치와 다양한 부가적 정보 지원에도 불구하고 여전히 일반인들에게 지도는 특정 장소를 쉽게 찾아갈 목적으로 제작된 일방향적 도구임은 부인할 수 없다. 그러나 참여적 GIS(Participatory GIS)와 같은 기술에 힘입어 전에 없던 가능성이 열리게 되었다. 1990년대 태동한 참여적 GIS는 전반적으로 시스템이 고가 장비였고 고도의 전문성이 필요하여 잠재적 수요자인 일반인들의 사용이 지난하기 때문에 이를 공적지원을 통해 지원하고자 하는 시도였다. 이 기술이 점점 개인들의 참여가 가능한 방향으로 발전하며 큰 폭의 변화를 겪고 있다.[12] 디지털 문화지도를 통한 지도제작의 민주화는 표준화를 지향해 온 지도의 의미와 가치의 패러다임 변화라고 볼 수 있다. 획정되고 고정된 결과물로서의 지도가 아니라 늘 변화하고 다양한 의미를 가진 유기적인 '동사로서의 지도'의 가능성을 기대할 수 있는 것이다.

다양한 레이어와 방대한 정보에 대한 접속을 지원하는 디지털의 가능성과 관련하여 필요한 것은, 완벽하게 설계되고 프로그램 된 디지털 세계 지도의 제작과 유통이 아니라 모두 함께 그려가는 세계 지도이며, 지도 제작 자체가 목적이 아니라 그것이 문화생산의 과정이 되어야 한다는 점이다.

이와 관련하여 최근 십여 년 간 서구에서 크게 각광받은 개념은 컬처 매핑(cultural mapping)이다. 이는 "정보의 수집, 기록, 분석, 종합을 통해 문화 자원과 네트워크 및 특정 공동체나 단체의 사용 패

12) Abbot, J. et. al., "Participatory GIS: opportunity or oxymoron?", *PLA Notes(Issue 33)*, IIED London, 1998, pp.27–34.

턴과 연계망을 기술하는 과정"[13]이나 "특정한 지역에서 문화적 표현의 분배를 염두에 둔 정보 수집과 배치, 체계화 도구"[14]를 의미한다. 과거에 특정 지역의 원주민들의 역사를 기록 및 재현하고 그들의 전통 행위를 기술하기 위한 일련의 행위에 붙여졌던 명칭인데, 이후 이런 기술은 유네스코(UNESCO)나 아세안(ASEAN)과 같은 기구들이 전통적인 토지 사용에 따른 거주의 권리문제나 사라져가는 소수 언어 보호 등의 사안과 관련하여 차용하게 되었다.

유네스코에 의하면 이는 유무형의 문화자산을 지키기 위한 핵심 도구나 기술로서, 커뮤니티 기반의 참여적 데이터 수집과 관리에서 GIS를 활용한 복잡한 지도 제작까지 넓은 범위의 기술과 활동들을 포함한다. 유네스코 등은 지금도 컬처 매핑에 큰 관심을 보이고 있는데, 이들 초국가적 기구의 중심 과제는 문화다양성을 지키는 일이다.

> 매핑은 인류가 자연과 문화의 풍경을 설명하는데 없어서는 안 될 도구로서, 무수한 목적에 쓰여 왔다. 유네스코는 문화다양성 보호 목적의 궁극적 단계로서 컬처 매핑 도구를 동원한 바 있다. 컬처 매핑은 공동체를 규정하고 로컬 문화자원을 기록하는 것과 관련을 맺고 있는데, 이 연구를 통해, 갤러리, 수공예 산업, 도드라진 랜드마크, 지역 이벤트와 산업과 같은 유형적 요소뿐만 아니라 기억, 개인사, 태도, 가치와 같은 무형적 요소까지 문화적 요소들

13) "Cultural Mapping Toolkit", *2010 Legacies Now*, A Partnership Between 2010 Legacies Now & Creative City Network of Canada, p.8.
14) Freitas, R., "Cultural mapping as a development tool", *City, Culture and Society,* 7, 2016, p.9.

로서 기록된다. [이와 같이] 공동체를 유니크하게 만드는 요소들의 연구 이후 컬처 매핑은 넓은 범위의 공동체 활동 혹은 프로젝트들을 통해 기록과 보존, 이 요소들의 활용을 독려하게 되었다. 컬처 매핑의 가장 궁극적인 목적은 공동체가 경제적, 사회적, 지역적 발전을 위해 문화다양성을 인식하고, 함양하고, 지지하도록 독려하는 것이다.[15]

컬처 매핑은 인간에 의해 만들어졌고, 인간을 위해 존재하는 문화유산들이 사회와 유리된 채 관리되고 도구화되는 것에 대한 문제세기로 "문화유산 보존에 대한 인간중심 접근"과 같은 운동들의 도구이기도 하다.[16]

국가연합체에 이어 개별 국가, 중앙과 지방을 망라하는 다양한 층위의 정부와 비정부 기구들이 기획과 개발의 도구(tool)로 컬처 매핑에 관심을 가져왔다. 서구에서 지방자치 및 문화정책 관련 단체를 중심으로 중요성이 증대되고 있으며, 문화(정책)계획을 수립하기 위한 첫걸음으로 인식되고 있다고 한다.

따라서 "인간과 장소의 관계를 중심으로, 인간, 공동체, 사회, 장소, 물질적 산물과 행위 등을 대상으로 행해지는 탐사, 발굴, 기록,

15) Clark, I. & Sutherland, J. & Young, G. "Mapping culture – a guide for cultural and economic development in communities", Communication presented at the Cultural Mapping Symposium & Workshop, Adelaide, 1995.

16) Court, S. & Wilesuriya, G., "People-Centred Approaches to the Conservation of Cultural Heritage: Living Heritage", ICCROM(International Centre for the Study of the Preservation and Restoration of Cultural Property), 2015.

연구, 분석, 해석, 보고 활동과 과정"[17]으로서, 문화를 중심에 둔 일종의 사회조사 활동으로도 볼 수 있을 것이다. 그래서 흔하게는 근거 기반 정책개발(evidence based policy-making) 움직임에 기인하여, 뮤지엄이나 도서관, 경기장과 같은 지방 정부의 문화예술 시설의 설치와 운영을 위한 문화정책의 수단으로 여겨지기도 했다.[18]

전자 문화지도의 제작이 그 자체로 연구의 성격을 띤다는 점 또한 주목할 필요가 있다. 일정한 목적에 맞추어 정보를 수집·분류하고 분석하고 활용하는 것이 전자 문화지도의 프로세스인데, 그 자체가 의미 있는 일이다. 특정한 시대 문화현상을 해석하는데 전자 문화지도는 하나의 방법론으로 사용될 수 있다는 주장도 있다. "문화요소들은 모두 시간과 공간이라는 두 좌표축 안에 존재"하며, 이러한 문화요소에 "시공간좌표를 부여한다는 것은 과거에 개별적으로 존재했던 정보개체가 역사적·지리적 문화정보로 전환한다는 것을 의미"하며, 이것이 "그동안 인문학에서 주로 정성적으로 다루었던 대상들"이라는 점에서 새로운 인문학적 접근이거나, 인문학을 보완·대체하는 방법론일 수 있다는 것이다.[19] 따라서 컬처 매핑은 인문학적 연구와 사회조사활동을 통한 문화적 의미생산이라는 다층적 의미를 가질 수 있다고 보겠다.

---

17) Taylor, K. & Cook, I., "A Contemporary Guide to Cultural Mapping", *An ASEAN Australia Perspective,* Jakarta: ASEAN, 2012, p.3.

18) Evans, G. & Foord, J., "Cultural mapping and sustainable communities: Planning for the Arts revisited", *Cultural Trends,* 17(2), 2008, p.65.

19) 김종혁, 「디지털시대 인문학의 새 방법론으로서의 전자문화지도」, 『국학연구』 제12집, 2008, p.265.

3) 컬처 매핑의 글로컬 가능성

컬처 매핑은 단일한 방법론과 같은 것은 없다. 몇 가지 방법론이 제안되어 왔는데, 그 중 살펴볼 만한 것이 캐나다의 사례다. 브리티시컬럼비아 주 정부가 지원하여 만든 기구 2010 Legacies Now, A Partnership Between 2010 Legacies Now & Creative City Network of Canada가 제시한 <Cultural Mapping Toolkit>이 그것이다. 주정부는 문화적 산물들을 개발하고 유무형의 이익을 시민과 나누는 방안으로서 이를 제시한 것이다. 말하자면 컬처 매핑의 구체적인 방법론을 가이드북의 형태로 제작한 것으로, 아래와 같은 순서로 컬처 매핑을 수행할 것으로 제안하고 있다.

<표 5> 컬처 매핑 제작 순서

1	기획 (Planning)	• 목적 수립(determining objectives) : 해당 커뮤니티와 함께 • 동료와 커뮤니티 지도자로부터 가용 자산 획득 • 예산 수립(setting a budget) : 현금 / 현물 모두 포함 • 매핑 자원 분류 및 조합(identifying and assembling mapping)
2	프로젝트 설계 (Project Design)	• 목록작성 • 설문조사 문항 및 질의문 초안 작성 • 마감일 등 일정 작성
3	실행 (Implementation)	• 공표 • 설문조사 포함한 광범위한 조사 시행 • 타깃 리서치 - 인터뷰 • 목록 조합
4	종합 (Synthesis)	• 지도 초안 잡기(문자 기반, 웹 기반, 그래픽 기반 등) • 결과 분석 • 결과 해석 • 커뮤니티와 공동으로 결과 점검
5	매핑 완성 (Finalizing the Map)	• 다른 공중에게 이야기하기
6	공론화 (Going Public)	• 대중에게 지도 프리뷰 등 소개

<Cultural Mapping Toolkit>이 반복적으로 강조하는 것은 지역민들과의 소통이다. 컬처 매핑을 수행하는 지역 주민들이 그들이 살고 있는 지역에 대해 가진 지식이나 문제의식, 자부심과 호불호, 기대와 실망, 미래의 희망과 같은 정보는 컬처 매핑의 중요한 자원이다.

다음 장에서 한국형 컬처 매핑의 구체적인 사례가 소개될 것이다. 가장 중요한 것이 공동체 구성원과의 소통과 교감이라는 점을 잊어버리지 않는다면, 기술적 방법은 크게 문제가 되지 않을 것으로 사료된다. 낙서하듯 지도를 그리기도 하고, 정교한 디지털 맵을 사용하기도 하며, 맵 기반에 사진을 얹는 것과 같은 일상적 SNS 플랫폼을 응용해 볼 수도 있다.

지도는 그 자체가 "인간 습성의 정신적 특질을 반영하며 그 시대와 장소의 사회적 질서에 대한 시각을 제공"하기 때문에 "문화와 문명의 거울" 혹은 "문화적 텍스트"로 불렸다는 점에서,[20] 시각적 지리정보제공물의 의미를 훌쩍 뛰어넘어 문화적 재현인 동시에 문화의 재현이라는 점에서 의미의 가중치를 가진다. 생산된 문화 산물의 단순한 위치 표시가 아니라 그 자체가 문화 생산 기재가 될 수 있다는 기대를 가지게 만드는 것이다.

이런 의미에서, 컬처 매핑으로서의 디지털 문화지도의 한국적 적용은 '우리 동네 디지털 문화지도 만들기'와 같은 사업을 통해 실험해 볼 수 있을 것으로 보인다. 디지털 문화지도의 글로컬적 비전은, 구글이 거대 자본과 기술을 동원해 우리 동네들을 모조리 스캔해서 서비스하고 있지만, 결국 그 안에 우리 동네의 문화나 (사진이 아

20) 아서 제이 클링호퍼, *op. cit.*, p.37.

닌) '사람들'이 없다는 문제에 착안하여 풀뿌리적 의미생산 가능성을 도모하는 과정에서 찾아볼 수 있을 것으로 기대된다. 지도와 관련하여 글로컬이 지향하고 있는 가치들, 가령, 보편성에서 특수성으로의 이동이나 탈중심화, 과학주의에서 인본주의로, 글로벌에서 글로컬을 통해 로컬로, 울퉁불퉁한 세계 지향 등이 이 과정에서 실현될 가능성을 탐색해 볼 수 있을 것이다.

에드워드 홀(Edward Hall)의 용어를 빌어 말하자면, 이는 글로벌이 지향하는 저맥락 사회, 즉 공식적이고 법제적이고 엄밀한 용어와 제도가 지배하는 커뮤니케이션 사회에서 간과되기 쉬운 개인의 소통과 경험, 가치관 같은 것을 관습과 몸짓 언어, 문화와 면대면 커뮤니케이션이 지배하는 로컬적 고맥락 사회의 언어로 번역해내는 작업이라고 할 수 있다. 글로벌-로컬을 의미와 가치 생산의 필터링으로 걸러주는 이상적인 글로컬의 가능성이 디지털 문화지도를 통해 발현될 것을 기대해 본다.

다음 장에서 구체적인 케이스 스터디를 통해 한국형 컬처 매핑에 대한 이해를 심화하는 한편, 학생들이 직접 컬처 매핑을 구현해 볼 수 있도록 쉽고 친절한 가이드라인을 제시하도록 하겠다.

II

컬처 매핑하기:
로컬콘텐츠의 기획과 제작

1. 로컬콘텐츠의 기획

1) 기획의도: 컬처 매핑을 통한 지속가능한 공동체 만들기

오랜 시간 지도는 말이 없었다. 일방적이고 획일적인 정보의 나열이자, 평면의 공간 위에 표시된 구획과 구분의 상징으로 사용되어 왔다. 전통적인 지도제작의 주체는 정부와 군대였다. 영토를 표시하고, 이익을 극대화하기 위해 지도가 제작되었다. 그러나 목적에 부합되지 않는 지역의 많은 정보들은 지도 제작과정에서 생략되었다. 디지털 플랫폼 위에 항공사진이나 로드 뷰를 탑재한 최신의 지도들 역시 수용자들을 위한 맞춤형 콘텐츠가 아닌 여전히 정부와 기업 등 지도가 필요에 주체에 의해 구축된 일방향 콘텐츠로 활용되는 경향이 강하다. 한편으론 개인미디어의 급속한 발달과 대중화로 개인이 직접 지도 제작에 필요한 정보와 플랫폼을 사용할 수 있게 되면서 지도는 단순히 위치와 구획, 거리를 측량하는 도구가 아니라 새로운 연결을 만들어내는 소통의 플랫폼으로 진화하고 있다. 딱딱한 정보로 존재하던 지도(map)는 이제 개인이 직접 참여하고 제작하는 '지도 만들기(mapping)'의 단계로 진입했다. 지도는 이제 우리 삶의 소중한 것을 기록하고, 공유하는 과정이자 상생과 연대를 가능하게 하는 미디어적 실천과 사유의 도구로 발전하고 있다. 컬처 매핑은 주민이 참여하는 커뮤니티 매핑이다. 지역의 역사와 문화, 이야기를 발굴하고 직접 제작하는 것이 핵심이다. 컬처 매핑은 기존의 지도가 소외시켰던 다양한 로컬 주체들의 목소리를 소환하고, 그들의 삶을 콘텐츠화하여 디지털시대의 새로운 공동체적 연대와 희망을 만들어가는 것을 목표로 한다.

2) 제작방향: 콘텐츠가 답이다

컬처 매핑은 로컬의 시간을 기록하는 과정이다. 시간은 컬처 매핑의 가장 중요한 도구이자 대상이다. 사람과 사물, 사건과 이야기 모두 시간의 흔적들이다. 따라서 컬처 매핑은 단일한 형태로 존재하지 않는다. 정확하게 말하면 로컬의 지형과 문화에 따라 다양한 콘텐츠로 제작된다. 획일적인 포맷으로 지역을 정보화하는 것이 아니라 기록하는 주체와 시점에 따라 콘텐츠의 장르와 포맷이 변형될 수 있다. 대표적인 예가 미국의 지리학자 데니스 우드(Denis Wood)의 지도 제작 사례다. 지리학을 전공한 우드는 전통적인 지도제작방식에서 벗어나 땅의 냄새, 걸을 때 다리가 받는 느낌, 다른 나무들의 낙엽이 모두 진 후 참나무 사이로 부는 바람소리, 황혼이 드리우면서 풍경이 완전히 바뀌는 현상 등을 선택하여 지도제작을 시도했다. 우드의 저서 『모든 것은 노래한다』는 미국 노스캐롤라이나의 작은 동네 보일런 하이츠를 다양한 지도로 제작한 기록물이다. 우드의 지도는 동네의 경계와 지형, 격자형 도로망 등 기존의 도식들을 지우고 단풍지도, 나무의 나이, 크기별 나무, 밤하늘 가로등 지도 등 다양한 주제로 마을의 지도를 시각화 했다. 우드에 따르면 모든 지도는 각자의 서사를 품은 한편의 시다.[1] 우드는 어릴 적 자신이 살았던 소도시 보일런 하이츠 지역을 동네지도를 통해 하나의 공간에 담긴 다양한 이야기를 아래와 같은 테마를 중심으로 지도를 제작했다.

- 디람쥐 길
- 구멍 난 숲 지붕
- 동네의 나무
- 우체부
- 레스터의 신문 배달 시간과 공간
- 공공 수목과 사유 수목
- 지붕선
- 울타리
- 소리산책
- 단풍
- 나무의 나무
- 커틀러 스트리트의 밤빛
- 밤하늘
- 짖는 개

---

1) 데니스 우드, 『모든 것은 노래한다』, 정은주 옮김, 프로파간다, 2015, p.12.

<그림 3> 단풍지도

<그림 4> 밤하늘지도

우드의 지도에는 기존 지도들에서 사용하는 도곽선, 축척, 방위 표시 등이 없다. 뿐만 아니라 동네의 경계와 지형, 도로망 등 격자 형태의 표시도 없다. 무엇보다 대부분의 지도가 당연하게 전제하고 있는 햇빛을 차단해서 검은 바탕에 흰 동그라미만 남겨둔 채 작업하기도 했다. 마치 시를 쓰듯 장소에 담긴 고유한 빛깔, 흔적, 이미지와 느낌을 시각화했다. 데니스 우드는 모든 동네마다 리듬이 있다고 설명한다. 계절과 날씨, 낮과 밤, 우체부의 발걸음과 신문배달 소년의 이동경로 등 다양한 패턴이 동시에 존재하는 총체적 경험의 장소이다.

> 동네는 정확히 사물(또는 사물의 보음)이지만 동시에 과정, 즉 일상의 규칙적인 움직임들이 끊임없이 뒤섞여 시간이 흐르면서 조금씩 변천하고 역사를 쌓아가는 과정이기도 하다.[2]

우드에 따르면 동네는 도시의 일부이고, 도시의 대부분을 구성하는 것이 동네이며, 그런 동네가 모여 도시가 실재하게 된다. 동네는 상하수도, 전선, 도로처럼 도시의 흔하고 평범한 사물을 우리의 실생활에 결부시킨다. 이것이 동네가 도시의 삶에서 하는 역할이라고 우드는 강조한다.[3] 이문동 지역의 컬처 매핑 기획은 데니스 우드의 보일런 하이츠 지도에서 많은 영감을 받았다. 컬처 매핑은 로컬콘텐츠를 통해 지역민의 삶을 매개하고, 풍요롭게 하는 스토리매핑(story-mapping)이 되어야 한다. 컬처 매핑을 가능하게 하는 것은

---

2) *Ibid.*, p.25.
3) *Ibid.*, p.24.

58

차곡차곡 쌓여온 장소의 기억들이 있기 때문이다. 기억들이 누군가의 눈과 귀, 입을 통해 이야기의 옷을 입는 순간, 세상 어디에도 없는 로컬콘텐츠가 탄생한다.

지역을 바라보는 다양한 시선과 감성을 발굴하는 것이야말로 컬처 매핑의 중요한 과정이다. 로컬리티의 정체성은 시간과 공간이 만들어낸 장소의 흔적이기 때문이다. 동네 특유의 냄새, 소리, 빛깔, 골목의 생김새, 전선의 뒤엉킴, 지붕이 맞닿은 모양, 철길 건널목, 횡단보도를 지나는 사람들을 관찰하다 보면 고유한 패턴들이 발견된다. 패턴을 찍고, 녹음하고, 이어붙이다보면 로컬콘텐츠의 윤곽이 하나 둘씩 완성된다. 순간순간 포착되는 고유한 경험들의 집합, 하이데거는 이것을 '진정한 거주함'이라고 말한다. 하이데거에 따르면 진정한 거주함은 '평안함'에서 비롯된다. 한 사람의 삶이 평안함 속에 머무르면서 자신만의 본질을 찾을 때 비로소 진정한 거주가 시작된다고 본 것이다. 이때 진정한 거주는 순간순간의 경험으로 채워진다. 평안함 자체가 하나의 경험이다.[4)]

3) 특이사항: 플랫폼이 곧 메시지다

디지털 시대, 온라인 플랫폼은 대중을 모으는 북소리이다. 때로는 사랑방이 되기도 하고, 때로는 대자보가 되기도 한다. 시대를 기록하는 역사책이 되기도 하며, 감성을 표현하는 시집이 되기도 한

4) 마르틴 하이데거, 『강연과 논문』, 이기상·신상희·박찬국 옮김, 이학사, 2008, p.184.

다. 콘텐츠는 디지털 기술로 제작되고, 변형되고, 확장되는 소통거리이다. 콘텐츠의 형식을 뜻하는 포맷은 어떤 미디어와 플랫폼을 선택하는지에 따라 좌우된다. 많은 사람들이 공유하는 콘텐츠를 제작하기 위해서는 가장 많이 사용되는 미디어와 플랫폼에 최적화된 콘텐츠를 제작해야 한다. 플랫폼을 선택한다는 것은 해당 플랫폼에서 제공하는 미디어 쓰기와 읽기, 공유 방식을 따른다는 것을 의미한다. 사람들이 즐겨 찾는 플랫폼을 연구하고, 로컬콘텐츠의 검색과 이용을 최적화된 방식으로 탑재하는 것 역시 소통의 과정이다. 디지털 시대의 대중은 자신의 경험과 비슷한 감성과 취향에 반응한다. 일방적인 호출이 아닌 다정한 말 걸기가 중요하다. 지역의 감성에 맞는 콘텐츠 포맷과 장르, 플랫폼의 선택은 로컬리티 정체성에 중요한 영향을 미친다.

2. 로컬콘텐츠의 제작과정

1) 컬처 매핑을 위한 콘텐츠 제작단계

로컬콘텐츠는 컬처 매핑의 도구이자 결과물이다. 컬처 매핑을 통해 제작된 로컬콘텐츠는 제작주체와 시대에 끊임없이 변형과 확장이 가능하다. 이는 디지털이라는 미디어의 속성이기도 하다. 변형과 확장의 주체는 사용자이며 이들의 필요와 취향이 콘텐츠의 전이를 가능하게 하는 실현 동기이다. 콘텐츠 제작은 기획과 조사, 답사와 취재, 제작과 공유라는 큰 틀에서 진행된다. 제작의 흐름만 봐서는 기존의 다른 콘텐츠 제작방식과 크게 다르지 않은 과정이라고 할 수 있다. 단 중요한 것은 모든 단계에서 주체들 간의 원활한 참여와 소통이 중요하고, 오픈소스를 이용해서 누구라도 수정과 변형, 확장이 가능하다는 점이다. 콘텐츠의 포맷과 장르는 테마에 따라 다양하게 선택할 수 있다. 컬처 매핑을 하는 이유와 목적, 공감대 형성 여부에 따라 콘텐츠의 형식은 달라질 수 있다. 또한 지

1 단계	
기획/자료조사	• 지도 테마 선정 • 문헌 조사

2단계	
답사/취재	• 공감대 형성 • 참여자 섭외

3단계	
콘티 작성	• 장르/포맷/플랫폼 선정

4단계	
촬영/편집	• 글/사진/영상/소리 등 • 자막 및 CG 효과 작업

5단계	
시사/수정	• 주민시사 • 팩트 체크

6단계	
플랫폼 탑재	• 홈페이지/블로그/카페 • SNS 플랫폼

7단계	
홍보 및 마케팅	• 지역 내 배치 및 홍보 • 지역 간 홍보 • 온라인 마케팅

<그림 5> 로컬콘텐츠 제작과정

속가능성도 매우 중요한 조건이다. 일회성으로 제작하고 완료되는 콘텐츠가 아니라 꾸준히 유지하고 협력하면서 발전하는 로컬의 미디어 생태계를 구축하는 것이 중요하다. 제작주체는 바뀌더라도 로컬리티라는 측면에서 진정성과 연대감이 훼손되지 않도록 새로운 콘텐츠가 계속 발굴되고 공유되면서 지역의 이야기가 기록되어야 하기 때문이다. 로컬콘텐츠 제작 과정을 표로 정리하면 <그림 5>와 같다.

2) 제작단계별 가이드라인

① 자료조사 : 대상 지역에 관한 정보 조사하기

자료조사는 지역에 대한 객관적 자료수집 과정이다. 과거와 현재의 기록들, 문헌 속 고지도, 현재의 지리정보 등을 수집한다. 지리정보의 경우 정확한 행정주소는 물론이고, 위성지도에서 제공하는 위도와 경도 값도 확인해본다. 위도와 경도는 디지털 위성지도를 제공하는 사이트에서 확인 가능하다. 또한 주민센터, 구청, 시청 등에서 보관하는 고지도 또는 문헌자료 속에도 지역에 관한 소중한 자료를 찾을 수 있다. 옛 지명, 사라진 건물들, 역사적 사건들, 문화유산 정보 등을 통해 지역의 옛이야기와 역사를 접하고, 인터뷰 자료로 활용할 수 있기 때문이다. 건축정보의 경우 근현대 도시의 발달 과정을 살필 수 있다. 공간의 구조와 기능의 변화를 이해하는 것은 그 안에서 이루어지는 삶의 형태에도 큰 영향을 미친다. 자료조사에서는 지역에 대한 다양한 정보를 통해 구조와 특성을 이해할 수 있어야 한다.

<표 7> 자료조사 정보 내용

지리정보	• 주소 • 위도·경도 값
역사정보	• 문헌기록 • 고지도
행정정보	• 인구 • 가구 수 • 상업시설 • 공공시설
건축정보	• 도로 • 주택 • 하천 • 재건축 • 도시개발

② 지역 답사 : 해당 공간을 직접 걷고 보고 느끼기

대상 지역에 대한 기초 자료조사를 통해 기본 정보를 습득한 후에는 현장에서 직접 경험하고 느끼는 과정이 필요하다. 팀 크레스웰(Tim Cresswell)은 장소가 세계를 이해하는 방식이라고 설명한다. 우리가 세계를 장소의 관점으로 본다면, 사람과 장소 간의 애착과 관계를 볼 수 있게 된다. 또한 장소를 구성하는 의미와 경험의 세계를 보게 된다. 이러한 관점은 세계를 사람과 환경의 풍부한 상호작용 관계로 볼 수 있게 해주기 때문에 사실과 숫자로 생각하는 것으로부터 자유롭다. 크레스웰에 따르면 장소란 세계 속에 존재하는 어떤 특성을 가진 사물이 아니라 우리가 장소에 대해 사고하기로 선택한 방식이다.[1] 특정 지역을 공간이 아닌 장소의 시선으로

1) 팀 크레스웰, 『장소』, 심승희 옮김, 시그마프레스, 2012, pp.17-18.

본다는 것은 무엇보다 그 장소의 시간성에 새겨진 경험과 이야기들을 마주한다는 뜻이다. 그것은 때로 아름답고 좋은 추억일 수도 있지만, 슬프고 두려운 기억을 소환하는 행위가 될 수도 있다. 그럼에도 불구하고 장소의 기억과 경험들이 보존되어야 하는 것은 장소에 거주했던 사람과 시대의 흔적이기 때문이다. 딱딱한 위치와 물질성으로 접했던 공간이 의미 있는 장소가 되기 위해서는 사람과 사람, 사람과 시간, 사람과 공간 사이의 가로지르기가 전제된다. 일정한 시간 동안 물리적 부피를 갖는 공간 속에서 쌓인 경험과 기억은 장소에 대한 시선을 그곳에 붙잡아두는 받침대 역할을 한다. 인문지리학의 관점에서 장소는 꽤 오랜 시간 같은 공간 위에 축적된 익명의 역사를 통해 형성된다. 지역을 답사하는 목직은 정보를 취합하는 1차적인 목적뿐만 아니라 익숙했던 곳을 낯설게 바라보는 연습이다.

이광호에 따르면, 모든 장소는 멀리서보면 무심하고 자명하지만, 가까이서 보면 비밀스럽고 남루하다. 누구나 생의 매 순간 우울과 설렘 속에 자리 잡은 특별한 장소가 있을 것이다. 평범한 장소가 문득 지울 수 없는 뉘앙스로 마음에 새겨질 수 있다. 익숙한 풍경이 낯선 시선 속에서 특별한 장소로 전환되는 그런 순간들.[2]

2) 이광호, 『지나치게 산문적인 거리』, 난다, 2014, pp.10-11.

③ 주민/상인 취재 : 이야기 발굴하기

컬처 매핑의 주체는 지역 주민과 상인, 지역 활동가, 지자체 등 다양하다. 그 중에서도 오랜 시간 지역에 거주한 사람들이 가장 중요한 매핑의 주체이자 대상이 된다. 컬처 매핑에서 콘텐츠 기술보다 더 중요한 것이 참여 주체들 간의 관계형성이다. 지역의 역사와 문화에 대한 이해와 공감을 바탕으로 한 콘텐츠 기획이 중요하기 때문이다. 컬처 매핑은 기술과 사람, 문화와 지역을 아우르는 스토리 매핑이라고 할 수 있다. 주민참여형 커뮤니티 매핑 프로그램인 오픈스트리트맵(OpenStreetMap)[3]의 개발자 미켈 마론(Mikel Maron)은 커뮤니티 매핑에서는 객관적 데이터 수집도 중요하지만 지역주민의 주관적 스토리도 중요하다고 강조한다.[4] 커뮤니티 맵의 실용성과 가치를 높이기 위해서는 지역주민들이 자신들의 이야기를 꺼낼 수 있는 관계형성과 참여가 중요하다.

컬처 매핑은 차가운 디지털에 따뜻한 감성을 입힌 콘텐츠이다. 기존의 지리정보시스템이 각 공간들의 위치와 거리를 담고 있다면, 컬처 매핑은 각 장소가 품고 있는 시간과 사람, 사건과 이야기를 담는다. 컬처 매핑은 국가권력과 상업자본이 주도한 디지털 지도에 누락된 장소들의 정보를 수집하고 매핑하는 것뿐만 아니라 위치정

---

3) 오픈스트리트맵은 GPS를 통해 사용자가 자신의 위치와 지역정보를 입력할 수 있는 참여형 무료지도서비스로서 영국의 비영리기구인 오픈스트리트맵 재단이 운영하고 있다. 2014년 1월 기준으로 오픈스트리트맵에 정보를 입력한 사람은 150만 명, 2천만 건이 넘는 수정이 이루어졌으며, 총 2억 개가 넘는 지리정보와 37억 개가 넘는 GPS 좌표 정보를 보유하고 있다. (출처: 이지현, 「소치서 인정받은 모두의 지도, 오픈스트리트맵」, 블로터닷넷, 2014-02-26.) http://www.bloter.net/archives/182751

4) 미켈 마론, 「오픈소스, 지도에 보이지 않는 지역을 찾아라」, 『무엇이 우리는 진화하게 하는가?』, 서울디지털포럼사무국, 2013, pp.188-189.

보가 제공하는 공간에서 실제로 삶을 영위하는 사람들의 삶과 이야기를 연결하는 문화적 접속이다. 주민과 상인들이 간직한 지역 문화에 대한 경험과 기억, 갈등과 치유, 화해와 협력 등의 이야기를 통해 로컬리티의 감성과 문화를 이끌어내야 한다. 무엇보다 정기적인 만남과 이야기를 통해 일회성 인터뷰에서 말할 수 없는 시간의 실타래를 풀어내는 것이 중요하다. 과거 사진, 영상, 문서 등을 공유하거나 직접 제작에 참여하는 방식 등으로 많은 사람들이 컬처 매핑의 주체가 되어야 한다. 이 과정을 통해서 서로 잘 알지 못했던 기억의 퍼즐과 공간의 의미를 이해하고 컬처 매핑에 대한 공감대를 형성해갈 수 있기 때문이다.

취재의 목적은 조사된 자료와 답사를 통해 습득한 지역 정보를 확인하고, 숨겨진 에피소드를 발굴하는 것이다. 정보를 통해서 절대로 접할 수 없는 것이 바로 감성과 이야기다. 특정한 장소가 간직한 내면의 이야기와 아픔, 잊을 수 없는 시절에 대한 추억은 오랜 시간 지역에 살아온 주민과 상인들의 경험을 통해서만 발굴할 수 있다. 취재 과정은 크게 네 단계로 이루어진다.

사전 취재는 지역을 답사하는 과정에서 진행된다. 골목과 상가들을 답사하면서 궁금하고 새로운 것들을 촬영하고, 이야기를 건네는 모든 과정이 사전 취재에 속한다. 일상의 공간을 특별한 장소로 경험하기 위해서는 말을 건네야 한다. 사전 취재는 소통을 시작하는 단계다. 따라서 여행자나 산책자의 시선으로 지역을 관조해서는 안 된다. 가까이 가서 보고, 냄새도 맡고, 소리도 들으면서 궁금한 것들의 사연을 파고들어야 한다. 사전 취재의 대상은 사람, 동물, 계절, 사물, 사건, 소리, 낙서 등 공간을 채우고 있는 무엇이든

1 단계	
사전 취재	• 인터뷰 내용 발굴 및 섭외

2단계	
인터뷰 질문지 전달	• 취재노트 작성 및 인터뷰 질문 전달

3단계	
공식 취재	• 인터뷰 및 이미지 촬영

4단계	
보충 취재	• 추가 촬영 및 팩트 체크 • 자료 수집

<그림 8> 수민 취재 단계

가능하다. 고양이를 따라 후미진 뒷골목을 다녀보는 것도 가능하고, 특정한 시간대에만 경험할 수 있는 소리나 이미지도 가능하다. 단 무언가 반드시 의미 있는 정보를 수집해야 한다는 강박 관념보다는 익숙했던 일상의 공간들을 처음 가본 것처럼 탐험하는 것이 중요하다. 케리 스미스는 세상을 새롭게 바라보는 방법을 다음과 같이 소개한 바 있다.[5)]

5) 케리 스미스, 『예술가들에게 슬쩍한 크리에이티브 킷 59』, 신현림 옮김, 갤리온, 2015, p.11.

세상을 새롭게 바라보는 방법

1. 항상 돌아보기 (발목까지 주목하기!)
2. 모든 것을 살아 있다고 여기기
3. 모든 게 다 흥미롭다고 생각하기
4. 주위에 일어나고 있는 일들을 주시하기
5. 자주 경로를 이탈하기
6. 더 가까이 보기
7. 오래오래 관찰하기 (순간적인 인상도 놓치지 않기)
8. 패턴이나 공통점을 찾기
9. 움직임을 관찰하기
10. 발견한 것을 어떤 방식으로든 기록하기
11. 애매모호한 것에 나름대로의 의미를 부여하기
12. 무엇이든 뿌리까지 추적해 들어가기
13. 모든 감각을 이용해 세상을 느끼기

동네 구석구석을 탐험하듯 돌아다니면서 발견하게 되는 숨겨진 빛과 이미지, 소리와 이야기들은 로컬콘텐츠의 소중한 정보들이다. 시각으로만 경험하던 공간을 온몸의 감각으로 느끼는 체험을 통해 진정한 소통의 기회가 부여된다. 기술과 속도로 떠밀렸던 몸의 감각들을 다시 인간의 속도로 돌려놓는 과정이 로컬콘텐츠 경험이 주는 또 하나의 선물이다. 컬처 매핑은 앞만 보고 달려야 하는 현대인들에게 옆모습, 뒷모습, 그늘과 여백의 소중함을 일깨워주는 과정이자 행위를 목표로 한다.

동네 구석구석 탐험을 끝내고 나면 본격적인 취재에 들어가야 한다. 이야기를 제공해줄 주민과 상인을 섭외하고, 그들의 사연을 취재한다. 취재 대상의 시간을 배려하면서 최대한 여유 있게 취재를 진행해야 한다. 때로는 한 번의 만남으로 많은 이야기를 들을 수 있는 경우도 있지만 그건 매우 드문 행운이다. 두세 번 꾸준히 만나면서 자세한 옛이야기와 현재의 동네 사정들을 물어야 한다. 이는 로컬콘텐츠의 시선과 목소리를 결정하는 중요한 과정이다. 또한 주민이 소장하고 있는 동네의 옛 모습이 담긴 사진이나 추억이 담긴 물건, 동영상 등 자료로 활용할 수 있는 정보들이 있는지 사전 취재 과정에서 확인해야 한다. 취재가 끝난 후에는 취재노트를 작성하여 구체적인 콘텐츠 제작의 기초 정보로 활용한다. 취재노트에는 취재원/취재일시/취재장소/취재내용 등이 포함되어야 한다.

<표 9> 지역시민단체 사전취재 노트

일 시	**2017년 6월 26일 월요일 오후2-3시**
장 소	서울시 동대문구 이문동 독구말 내 청소년 문화공간 <모두가>
참석자	취재 : 황인영, 신정아 / 취재원 : 김광호, 박상용 (운영자)
취재 내용	- 2015 서울시 마을 미디어 지원센터의 '마을 미디어 교육 지원 사업' 응모에 선정 - <ddp 라디오 프로젝트>로 on동네 방송국 활동 시작 - **on 동네방송국/ 동대문부심/오늘의 동대문어** 운영 (하단 링크 참조) - **on동네 방송국**: 팟캐스트 라디오 활동 - **동대문부심** · 페이스북을 통해 동대문에 관한 다양한 이야기 (장소, 꿀팁 등) 업로드 · 2017.07.03 현재 좋아요2,155명 & 팔로우 2,193명 돌파 - **오늘의 동대문어** · 인스타그램을 통해 동대문에 사는 주민들의 짧은 영상 업로드 - 지역미디어 활동 표방, 자발적 활동가의 재미와 즐거움을 추구 - 지자체 지원없이 운영 중 (12-15명의 청년 활동가들로 구성) - 동대문구를 사는 사람을 타킷으로하는 콘텐츠 제작 - 주 1회(월요일 저녁 7시) 오프라인 정기 모임에서 콘텐츠 회의 및 콘텐츠 기획
향후 협의 사항	- 추후 진행될 이문동 문화지도 사업 관련하여 공동의 코워킹 제안 - 취재 보충용 참고자료 전달 완료, 공동 콘텐츠 기획 제안. 수락여부 대기 중 - 향후 미팅 : 7-8월 중 2-3회의 미팅 요청 - 공동 기획 내용: · 이문동 주민 또는 공간에 대한 공동 기획 및 제작(인터뷰 or 영상콘텐츠) · 2학기 문화콘텐츠학 연계전공 학생 대상 특강 <동네문화와 미디어>
참고 자료	- 오마이뉴스 온동네 방송국 기사 http://www.ohmynews.com/NWS_Web/View/at_pg.aspx?CNTN_CD=A0002146362 - on동네 방송국 홈페이지 http://ondongne.org - on동네 방송국 페이스북 https://www.facebook.com/ondongnemedia - 동대문부심 페이스북 https://www.facebook.com/Dongdaemunbusim - 동대문부심 네이버 포스트 http://post.naver.com/my.nhn?memberNo=33535369 - 오늘의 동대문어 유튜브 채널 https://www.youtube.com/channel/UCQMNskDlvxWrO50ymml5wVw - 오늘의 동대문어 인스타그램 https://www.instagram.com/dongdaemuner/

위의 경우 인터뷰 형식으로 진행된 사전 미팅 후 작성된 취재 노트다. 만약 사전 미팅 또는 답사 시 촬영을 허락한다면 아래와 같이 취재 내용과 스틸 컷을 정리해두면 더 유용하다.

<표 10> 영상취재 후 정리한 취재노트 및 스틸사진

취재일시	2017. 06.01. 14:00-16:00
취재장소	서울시 동대문구 이문로 28길 16 <자매식당>
취재원	오정해, 박병주 부부
촬영/취재	김준호
취재1	아내 오정해 (70세)
취재내용	**Q1. 이문동에 언제부터 사셨나요?** 아들이 47세인데 아들이 4살 때부터 살았으니 43년 된 것 같다.
	Q2. 이문동에서 어떤 일을 하셨는지요? 95년 3월 4일에 식당 문을 열었다. 이전에는 전업주부였다. 경희대쪽에 있던 친구가 시작을 도와주었다. 친구 덕분에 용기를 얻어서 할 수 있었다. 원래 요리를 좋아하기도 했다. 애기를 업고도 요리를 배우곤 했다. 식당을 열고 몇 달이 지나자 손님이 많이 오기 시작했다. 당시만 해도 학교 앞에 술집은 별로 없었다. 학생들도 많이 왔었는데, 학생들 설문조사에 가장 맛있는 곳으로 선정돼 박수를 받곤 했다. 적성에 맞는 일을 찾아서, 힘은 들지만 계속 할 수 있었다. 일주일 중 주일에는 매일 쉰다. 한 달에 한번 정도 토요일에도 쉰다. 인천 강화도에 사는 손주를 보러 가기 때문이다. 아들은 목사이다. 가끔씩 가서 목회를 돕곤 한다. 아들이 12년만에 손주를 나았는데 예쁘다. 매일 일하러 가는 것이 즐겁다. 젊은이들 보는 것도 재밌다. 젊은 학생들로부터 좋은 기운을 받는다.
	Q3. 요새 들어 혼자 오는 학생이 많은가요? 특히 토요일이 그런 경우가 많은데 아무튼 혼자 밥 먹는 학생이 많다. 과거에는 무더기로 와서 친구들끼리 얘기하면서 밥 먹는 모습이 보기 좋았다. 요새는 핸드폰만 하다 보니 대화가 없어져 아쉽다. 대화를 해야 정들 텐데.. 이제는 밥 먹는 모습만 봐도 사람 성격을 알 수 있겠다.
	Q4. 최근에 옆 가게가 문을 닫았다. 잘 알고 지낸 사이셨나요? 옆 식당은 우리보다 일찍 가게를 시작했다. 최근에 문을 닫을 때 박카스를 사갔다. 젊은이들이 알지 못하는 그러한 정이 있다. 연세가 많으시고 지병이 있어서 은퇴한 걸로 알고 있다. 할아버지가 80살이 넘으셨더라. 그분들도 젊은 학생들로부터 좋은 기운을 받으셨을 것이다. 과거에 이 골목이 전부 식당일 때 본인이 회계를 맡아 회비를 걷어 함께 놀러가곤 했다. 지금은 바뀌었지만(술집과 카페가 많아졌지만) 그래도 서로 좋게 지냈다. 식당이 많을 때는 교류가 많았다. 학생들도 식당주인들 간 친분을 알 정도였다.

<table>
<tr><td rowspan="2">취재내용</td><td>Q5. 이문동에서 추천하고 싶은 자랑거리는 무엇입니까?
외대 역사 넘어서는 완전 시골이었다. 미나리깡도 볼 수 있었다. 지금도 식당 밖을 나가면 대부분 아는 사람이다. 학교가 생기면서 동네가 많이 발전했다. 건물도 사람도 발전했다. 이문동은 시골같은 서울이었다. 학교를 통한 도움으로 발전했는데 장단점도 있다. 이곳엔 오랫동안 산 사람들이 많다. 배움의 터전 학교 앞에 있다보니 아무래도 좋더라. 이문동 하면 외대가 제일 먼저 떠오르지 않나. 안 좋았던 것은 딱히 없다. 학생들과 더불어 살아서 그런지 불만 없다. 세상에 독불장군이란 없다. 본인이 한걸음 물러서며 더불어 살아야한다. 그렇게 긍정적으로 살고자 노력하였다. 안 좋은 것은 빨리 잊고 앞을 바라보며 살아왔다.</td></tr>
<tr><td>Q6. 이문동에서 가장 기억에 남는 공간/사건/사람이 있으시다면?
당시 학생들 중에서 지금도 오는 사람이 있다. 졸업하고 취직을 한 ‘준’이라는 친구는 지금도 연락을 하는데 정이 많아 기억에 남는다. 이제 가정을 꾸린 학생들도 주말에 찾아오곤 한다. 학생들이 아들 딸 같았다. 하지만 세월이 흘러가면서 그러한 정은 줄어든 것 같다. 본인은 학생들에게 과거와 같이 대하려한다. 학생들이 많이 먹을 때라 푸짐하게 준다. 일반인보다 학생들이 오면 매우 좋다.</td></tr>
<tr><td>취재2</td><td>남편 박병주 (75세)</td></tr>
<tr><td rowspan="4">취재내용</td><td>Q1. 이문동은 어떤 동네라고 생각하십니까?
오늘날 시대가 변하면서 인간미, 정은 좀 떨어지는 것 같다. 이문동은 좋은 곳이다. 동네가 좋으니 오래 지내고 있다.</td></tr>
<tr><td>Q2. 식당일은 언제부터 함께 하셨는지요?
전자회사 개발을 했는데 회사가 부도나는 바람에 일을 돕기 시작했다. 당시에 인터넷, 컴퓨터 관련업을 하곤 했다. 회사가 무리하면서 부도가 났다.</td></tr>
<tr><td>Q3. 이문동의 자랑거리는 무엇이라고 생각하십니까?
외대말고 자랑하는 것이 없다. 70년대에는 야산, 논, 밭이었다. 당시 외대가 굉장히 작았다. 학교로 개발할 당시, 한집이 집을 빼주지 않아 그 집만 우뚝 서 있곤 했다. 외대가 있어서 발전했다고 생각한다.</td></tr>
<tr><td>Q4. 기억에 남는 학생 손님이 있으시다면?
외국인들도 정 때문에 찾아오곤 한다. 외대에서 어학연수를 받던 네팔 학생인데 지금도 ‘할아버지 할머니 보고 싶어요’라며 연락이 온다. 그 학생의 부모가 교수이고 오빠는 가수이다. 본인은 종교 활동을 위해 네팔을 다녀온 적이 있다. 석가모니가 탄생한 곳에 교회를 만들었기 때문에. 아무래도 네팔에 갔다 온 적도 있어서 네팔 학생에게 정이 갔고, 그 친구도 우리에게 정을 주었다. 돈을 받고 밥을 팔지만 그 이전에 정이라는 것이 분명 있다. 정이 있어서 이 지역이 나쁘다고 생각해본 적이 없다. 외대, 외대학생, 사람들 간에 정이 외대의 자랑거리이다. 3~40년 전 시골의 모습이 여전히 남아있다. 좋은게 있으면 나누는 모습은 꼭 시골집 같다.</td></tr>
</table>

취재사진

자매식당
967-9355
자매식당
자매식당
선이네
순대국

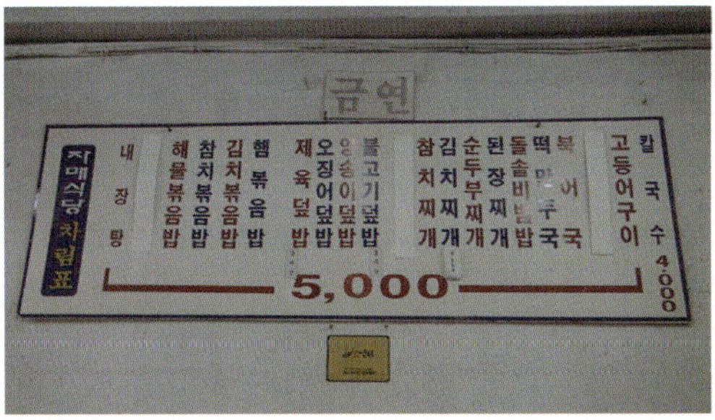
금연
자매식당 차림표
내장탕
해물볶음밥
참치볶음밥
김치볶음밥
햄볶음밥
제육덮밥
오징어덮밥
양송이덮밥
불고기덮밥
참치찌개
김치찌개
순두부찌개
된장찌개
돌솥비빔밥
떡만두국
북어국
고등어구이
칼국수 4000
5,000

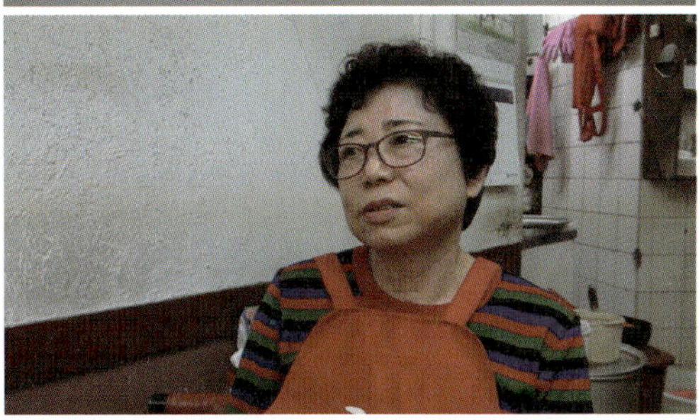

사전 취재 후 작성된 취재노트의 정보를 토대로 공식 인터뷰 질문을 정리해서 촬영 전에 공유한다. 주민들은 대부분 촬영에 익숙하지 않기 때문에 사전에 인터뷰 질문과 촬영 컨셉을 전달해두어야만 자연스러운 인터뷰가 진행된다.

④ 콘티 작성 : 포맷과 장르, 플랫폼 선정

콘티 작성에서 중요한 것은 포맷과 장르다. 또한 어떤 플랫폼에 탑재하느냐에 따라 콘텐츠의 제작방식이 결정된다. 콘티는 촬영을 위한 이미지들, 인터뷰 질문, 유의사항 등을 기록한다. 콘티 작성을 하기 전 유의사항으로는 누구를 대상으로 하는 정보를 제공할 것인지를 결정하는 것이다. 컬처 매핑은 상업적 이용 정보를 포함하긴 하지만 궁극적으로 이야기와 감성을 콘텐츠화하는 작업이므로 정보 이용 대상과 플랫폼을 고려하는 것은 이후 콘텐츠 제작만큼이나 중요한 과정이다. 20-30대를 대상으로 하는 문화공간을 컨셉으로 한다면, 청년층이 즐겨 찾는 페이스북이나 인스타그램 등과 같은 SNS 채널을 활용해야 하고, 각각의 미디어의 특성에 맞는 콘텐츠를 기획해야 한다. 각 미디어의 특성과 제공서비스를 잘 파악해서 그에 맞는 콘텐츠를 제작해야 한다. 40-50대를 대상으로 한 콘텐츠 제작을 한다면 네이버 밴드(BAND)나 카카오스토리(KakaoStory)와 같이 동창이나 지인 중심의 플랫폼을 고려해야 한다. 동영상 플랫폼인 유튜브(Youtube)의 경우 다양한 연령층이 사용하는 만큼 콘텐츠의 장르와 길이, 포맷이 매우 다양하다. 이동 중에도 부담 없이 시청할 수 있는 영상의 길이는 약 3-5분 이내가 적절하다. 지역에 대한 거대서사보다는 소박하고 아기자기한 이야기를 중심으로 다양한 장르를 개척해보는 것도 유용한 시도라고 할 수 있다. 전통적으로 유튜브의 인기 콘텐츠는 1인 BJ가 진행하는 리뷰방송, 뷰티방송, 게임 방송이었지만 최근 들어 다양하게 확장되는 추세이다. 대표적인 사례가 ASMR(Autonomous Sensory Meridian Response·자율감각쾌락반응) 방송이다. ASMR의 경우 비쥬얼보다는 오디오에 중점을 둔 콘텐츠로서 수용자의 뇌를 자극해 심신의 안정을 유도하는 기술이다. ASMR의 대상은 자연의 소리뿐만 아니라 다양한 경험을 담은 소리들을 포함한다. 로컬콘텐츠의 경우 골목의 추억을 떠올리게 하는 다양한 소리가 여기에 해당된다. 예를 들어 자전거 소리, 두부 장수의 방울 소리, 겨울 밤 찹쌀떡과 메밀묵을 팔딘 상인의 음성, 강아지 짖는 소리, 뻥튀기 소리, 싸배기 튀기는 소리, 엿장수의 가위 장단, 품바의 공연 등 일상의 공간에서 경험한 소리들을 재현하는 콘텐츠 기획도 가능하다. 소리는 향기만큼이나 오래도록 각인되는 경험의 일부이다. 소리의 재현은 로컬의 오랜 시간을 현재화 시키고 기록하는 유용한 콘텐츠 포맷이 될 수 있다.

이밖에 재건축·재개발과 같이 지역의 구조와 형태에 큰 변화를 가져오게 될 해체를 앞두고 있다면 남아있는 나날들의 기록을 영상으로 제작하는 다큐멘터리도 가능하다. 도시의 건축, 도시의 해체, 도시의 불빛, 도시의 골목 등 다양한 소재로 컬처 매핑의 과정을 영상 서사로 완성할 수 있다.[6] 로컬콘텐츠의 포맷과 장르는 로

6) 로컬리티가 담긴 공간을 콘텐츠 소재로 삼은 작품으로 정재은 감독의 영화 <아파트 생태계>(2017)이 있다. <아파트 생태계>는 1세대 아파트들을 중심으로 개발의 역사와 그 속에 담긴 삶의 흔적을 기록한 다큐멘터리이다.

컬의 구조와 역사성, 이야기에 따라 다양하게 제작될 수 있다. 또한 콘텐츠를 기획하고 제작하는 주체와 시대에 따라 정보의 선택과 배치 역시 상이한 시선으로 제작될 수 있다.

⑤ 촬영 및 편집 : 콘텐츠 제작하기

포맷과 장르가 완성되었다면 구체적인 스케쥴에 따라 제작을 진행한다. 제작은 촬영과 편집, 후반작업이라는 과정을 거치며 완성된다. 디지털콘텐츠의 경우 촬영으로 확보된 소스(source) 외에 자막, 그래픽, 음향 효과 등을 통해 이미지를 만들어내는 후반작업이 중요하다. 이 역시 미디어와 플랫폼에 따라 이용자들의 관심과 흥미를 이끌어낼 수 있는 이미지 서사가 관건이다. 성공적인 컬처 매핑을 위해서는 디지털 미디어를 잘 활용할 수 있는 기술도 습득해야 한다. 지역이 갖고 있는 독특함을 디지털 효과를 통해 창의적으로 표현할 수 있는 역량이 필요하다. 한 가지 유의할 사항은 전문적 지식과 세련된 기술을 보유한 외부인보다는 서툴고 투박한 기술이라도 지역을 잘 알고, 지역에 대한 애정이 있는 사람이 제작하는 콘텐츠가 훨씬 파급효과가 크다는 점이다. 디지털은 양방향 미디어이기 때문에 이용자 간 눈높이 소통이 매우 중요하다. 추억의 공유, 역사적 사실의 공유, 향수의 자극 등과 같이 감성의 온도를 맞춰가는 작업이 소통의 중요한 토대가 된다. 따라서 동네의 추억이 많을수록, 애정이 깊을수록 콘텐츠의 공감력과 파급효과는 높아질 수밖에 없다.

⑥ 로컬 시사 : 지역주민과 상인, 지자체 등 참여주체 간 소통

로컬 시사는 매핑에 참여했던 모든 사람들이 모여 콘텐츠에 대한 의견과 감상을 나누는 자리이다. 과거 소수의 전문가들이 미디어와 정보를 독점하던 시절, 제작 대상으로 참여했던 일반인들은 도구적으로 활용되는 경향이 매우 강했다. 현재에도 지역의 맛집, 명물, 명소 등을 소개하는 TV 프로그램은 여전히 일반인들을 방송을 위한 연기자 내지는 청중으로 활용하는 경향이 강하다. 그러나 로컬콘텐츠의 경우 지역의 이야기와 역사를 알리는 장이기 때문에 무엇보다 지역 주민과 상인 등 로컬의 필터링이 중요하다. 따라서 로컬 시사는 형식적인 상영회가 아니라 대외적으로 콘텐츠를 홍보하기 전에 최종적으로 지역에 관한 정보를 검증하고 팩트를 체크하는 자리가 되어야 한다. 정확한 정보도 중요하지만 콘텐츠의 완성도를 높이기 위한 허심탄회한 의견과 토론이 오가는 시간으로 진행되는 것이 중요하다. 로컬 시사는 또한 지역 구성원들 간의 친목과 화합을 도모하는 자리가 되기도 한다. 상영 장소와 행사 진행, 부대 행사 등을 준비하고 모이면서 지역민들만의 새로운 추억을 만들어가는 자리로 활용될 수 있기 때문이다. 또한 지역콘텐츠의 공식 업로드와 홍보에 대한 의견을 나누고, 구체적인 실행방안을 논의하는 자리가 된다. 성공적인 논의와 합의가 이루어지기 위해서는 참여주체들의 적극적인 참여와 소통이 중요하다.

⑦ 플랫폼 탑재 및 홍보 : 대외 홍보

컬처 매핑은 지역의 이야기를 담고 있기 때문에 이해당사자가 매우 다양하다. 지자체의 기관이 될 수도 있고, 시민단체나 학생 동아리가 될 수도 있다. 상인연합회에서 활용할 수도 있으며, 노인대학의 콘텐츠로도 활용이 가능하다. 세대별로, 기관별로 로컬콘텐츠를 활용하는 목적과 방향은 다를 수 있다. 따라서 플랫폼의 선택 역시 다양한 이용주체와 이해당사자들 간의 합의를 고려해서 선정해야 한다. 디지털 플랫폼의 경우 링크 주소를 활용한 다양한 연결과 공유가 가능하기 때문에 복수의 플랫폼을 어떻게 연결하고, 구성하는지가 중요하다. 다음의 예시는 지역의 이야기를 탑재했던 플랫폼들이다. 미디어는 매우 빠른 속도로 진화한다. 따라서 플랫폼 역시 미디어의 발달에 맞춰 다양하고 급속하게 변화를 겪게 된다.

<표 11> 컬처 매핑 활용 방안 예시

콘텐츠 제작포맷	활용 방안
디지털 지도	• 지역탐사 어플리케이션 개발 / 배포 • 지역행사 및 상업시설 이용안내용 책자 발간
모바일 카드	• 소셜미디어를 통한 지역 홍보 • 소셜미디어를 활용한 지역행사 및 이벤트 홍보 • 10-30대를 위한 지역의 역사 및 숨은 맛집 소개
SNS 채널	• 지역의 일상과 이벤트 라이브 방송 • 새로운 이슈와 소식 전달 • 컬처 매핑 참여자 모집
테마 브로셔	• 지역주민과 상인들의 네트워크 활성화 • 새로 생긴 상점과 사라지는 공간들 기록 • 숨은 맛집, 숨은 고수 등 발굴 • 이주여성, 외국인, 신입생, 여행객 등 다양한 이들에게 무료 배포
골목에세이	• 크라우드 펀딩을 통한 에세이집 출간 • 지역의 사람과 이야기를 지속적으로 발굴하고 공유하는 플랫폼 • 글, 사진, 영상 등 다양한 콘텐츠로 이야기 가공
로컬시사회	• 지역의 문화적 감수성과 정체성을 함께 공유하는 자리 • 지역 브랜드와 대외 홍보를 위해 협력체계 운영 • 타 지역 매핑정보 교환 및 협력 방안 모색
뱃지/스티커	• 지역의 이미지와 감성을 담은 굿즈 개발 • 지역의 고유한 로고와 캐릭터를 활용한 브랜드 정체성 강화 • 지명, 대표 인물, 역사적 장소 등을 형상화한 캐릭터 출시

3. 컬처 매핑 사례 : 서울시 동대문구 이문동 문화지도

1) 이문콘텐츠 기획의도

본 장에서 소개할 컬처 매핑 지역은 서울시 동대문구 이문동, 휘경동 일대[1]로 한국외국어대학교 서울캠퍼스(이하 한국외대)가 위치한 곳이다. 한국외대의 경우 대학과 상가, 주거지역이 인접해 있는 곳임에도 불구하고 대학과 지역, 상인의 커뮤니티 형성이 매우 미미한 수준이다. 이문-휘경동 지역은 지하철 1호선이 지상으로 통과하고, 재래시장과 8-90년대 건축된 붉은 벽돌의 다세대 주택들이 이웃하면서 골목의 감성을 간직하고 있다. 그러나 안타깝게도 재개발 착공이 시작되어 고즈넉한 골목길의 추억은 흔적도 없이 사라지거나 최신식 고층 빌딩 속으로 수렴될 예정이다. 이문동 문

1) 이문동 문화지도 프로젝트가 진행된 시기는 2016-2017년으로 지번과 도로명 주소 모두 사용되었던 시기이다. 본 연구에서는 도로명이 아닌 로컬 콘텐츠의 감성과 향수를 담고 있는 이문동, 휘경동으로 표기한다.

석관동래미안
하월곡
상월곡역
한화제약
천장관
한국예술종합학교
석관동캠퍼스
성북정보
도서관
의릉
천장산
석관중학교
석계초등학교
묵현초등학교
신묵초등학교
이문동대림e편한세상
아파트
한국철도공사
이문차량기지
이문동
삼거리
중화수경공원
신이문역
이문휘경재정비촉진지구
이문동쌍용
아파트
래미안이문
1차아파트
평화의전당
공관
한국외국어대학교
서울캠퍼스
외국어대
교차로
경희대학교
서울캠퍼스
외대앞역
이문동
삼익아파트
태솔아파트
외대앞역
교차로
경희의료원
래미안이문
2차아파트
휘경1동
주민센터
중랑교
메가박스
청량초등학교
회기동
주민센터
휘경동롯데
아파트
풍림아이원
아파트
회기역(경희대앞)
신현대아파트
휘경2동

화지도는 디지털미디어로 기록한 동네의 추억이다. 현재 지역의 공간들과 그 속에서 열심히 살아가는 사람들의 이야기, 또 그들의 옛이야기를 촬영하고, 공유하는 작업이다. 글과 사진, 영상으로 기록된 로컬콘텐츠는 디지털 지도 위에 매핑한다.

디지털 지도는 기존의 지도책과는 달리, 정보를 층층이 여러 겹으로 쌓아올릴 수 있다. 예를 들어 60년대 이문동, 이문동 분식지도, 이문동 목욕탕 등 키워드별로 매핑이 가능하다. 이문동 문화지도를 통해 사라져가는 이문동의 문화, 공간, 사람을 담아 공유하고, 콘텐츠 아카이브로 구축하기 위해 문화지도가 기획되었다. 작성의 원칙은 이문동에만 존재하는 골목과 공간, 스토리를 발굴하고, 심층 인터뷰를 진행하는 것이었다. 기획은 한국외국어대학교 문화콘텐츠 융합전공 교수와 학생들이 하고, 제작은 학교 앞 상가 주민들, 지역 활동가들이 함께 참여했다. 문화지도를 만들어야 하는 이유 중 가장 큰 것은 동네의 소중한 추억이 사라질 운명에 처했다는 위기감과 지금 여기의 모습이라도 담고 싶다는 절실함이었다. 훗날 이곳의 기록이 누군가에게 어떻게 사용되고, 효용될 것인가를 계산하기보다는 서로의 기억과 경험 속에 각인된 동네의 이야기를 많은 이들과 공유하고 싶다는 바람과 희망이 더 강했다. 물론 처음부터 모든 사람이 같은 목적과 동기로 시작된 것은 아니었으나 궁극적인 방향과 시선은 비슷했다.

2) 참여주체 간 공감대 형성

컬처 매핑을 시도하기 위해서는 교수-학생, 학생-주민, 학생-상인 등 다양한 관계들의 공감이 중요하다. 컬처맵은 지역의 정체성을 강화시키는 목적과 함께 개인이 지역과 관계 맺는 방식을 성찰하고 기록하는 것이 중요하기 때문이다. 1차 작업은 우선 매핑 대상 공간의 용도와 사용방식을 기록하는 것이다. 주민, 상인, 학생들이 각각의 공간과 소통하는 방법을 스스로 기록하고 표현하는 데서 출발한다. 이와 함께 과연 우리가 매핑하고자하는 공간은 어떤 곳이며, 어떤 관점에서 공간을 이해하고 기록할 것인지를 파악하는데 필요한 이론적 탐사도 필요하다. 철학, 예술, 건축, 문학, 지리학 등 다양한 관점에서 정의된 공간과 장소 개념을 살펴보는 작업은 공간을 물리적 부피를 지닌 배경이 아닌 실제 삶을 조직하고 움직이는 미디어로 인식하게 만들어준다. 공간을 미디어로 바라보기 시작하면 공간에 담긴 다양한 삶의 맥락에 관심을 갖게 된다. 시간의 축적으로 쌓인 경험의 흔적들에 귀를 기울이는 것이고, 흔적을 기록하는 과정을 통해 공간과 관계 맺기를 시도하는 것이다. 공간은 단순히 삶의 배경이 아니라 수많은 관계와 사건, 감정들이 일어나고 사라지는 의미의 저장소이다. 20대 청년들에게 동대문구와 이문동, 지하철 1호선과 80년대 골목들은 젊음의 거리들로 알려진 대학가들보다 낙후되고 심심한 이미지였다. 따라서 이를 극복하고 새로운 시선으로 학교 앞 공간을 새롭게 바라보고 사유하도록 하는 것은 매핑을 위한 가장 기초적이며 핵심적인 작업이다. 이 과정에서 매핑의 참여주체들은 미처 몰랐던 정보들과 마주하고, 사람들과 소통하면서 점차 작업의 의미를 획득해나간다. 공간을 찬찬히 둘러보고, 관찰하면서 조금씩 그곳에 사는 사람과 이야기들에 관심을 갖게 되면 본격적인 소통이 시작된다.

3) 이문동 로컬콘텐츠 제작 사례

① 골목에세이 <E'moon society> 연재

서울시 동대문구 이문동과 휘경동은 골목이 많다. 평소 통학을 하거나 자취를 하면서 학교와 집을 오가던 학생들이 지도 제작에 참여하면서 다소 낯선 시선으로 지역을 답사하게 되었다. 답사 시각 역시 일상적인 시간에서 벗어나 낮과 밤, 새벽과 휴일 등 다양한 시간의 틈을 파고든다. 익숙하지 않은 시선으로 때로는 혼자, 때로는 여럿이 골목을 걷다보면 전혀 예상하지 못했던 풍경과 조우하기도 하고, 고마운 주민을 만나 옛이야기를 들을 수도 있다. 고양이가 살고 있는 따뜻한 골목에서 멈춰서기도 하고, 고소한 참기름 냄새가 진동하는 시장통에서 허기를 달래기도 한다. 이 모든 과정은 골목의 테마를 선정하는 과정이다. 학생들이 직접 걷고, 듣고, 느낀 골목길 감성을 사진과 글로 작성하면서 80년대 낙후된 이미지로 각인되었던 외대 앞 공간들은 젊은 감성으로 독자들과 만나게 되었다. 학생들은 자신들이 경험한 이문동에 대한 이야기를 <E' moon society>라는 테마로 묶어서 Daum 브런치[2]에 연재했다.

2) 브런치(brunch)는 포털사이트 daum에서 제공하는 콘텐츠 퍼블리싱 플랫폼으로 연재가 완료되면 책으로 출간할 수 있는 서비스를 제공한다.

E'moon
Society

<E'moon>이라는 표현은 이문동을 쉽고 직관적으로 읽을 수 있도록 붙여진 이름이다. 또한 골목이라는 감성이 달(moon)의 감성과 어울리는 면이 있다고 판단하여 선정되었다.

온라인 에세이의 경우 플랫폼에서 제공하는 글쓰기 양식과 디자인을 최대한 활용하는 것이 중요하다. 또한 해당 콘텐츠의 태그를 다양하게 작성해서 확장력을 높일 수 있어야 한다. 과거 웹1.0 시대에 태그가 목록을 분류하기 위한 도구였다면, 개방·공유·참여를 중시하는 웹 2.0 시대에는 다양한 해시태그를 활용하여 콘텐츠 검색의 용이성과 확장성을 꾀하고 있다. 또한 모바일 미디어 사용률이 높아짐에 따라 짧은 글과 이미지, 인용문과 영상을 혼합한 콘텐츠가 각광을 받고 있다. 따라서 미디어 이용행태와 구성을 고려하여 다음과 같은 가이드라인을 작성하였다.

---

https://brunch.co.kr/

<표 12> 골목길 에세이 제작 가이드라인

과제 명	에세이로 만나는 이문의 속살
분량	A4 2장 내외 (사진/이미지 사용 권장)
형식	• 에세이 제목 + 표지사진 (직접 촬영) • 글과 사진 등을 활용해서 장소정보/사람정보/이용정보를 적절하게 배분하기 • 인터뷰 내용을 인용문 형식의 직접 화법으로 활용 가능 • 최대한 자연스럽고 편안한 글쓰기 권장
유의사항	• 정보의 취사선택 시 이용자의 입장에서 고려할 것 • 아래에 해당되는 사람에게 이문동을 알려준다는 생각으로 관점과 화법을 정해서 작성할 것 - 아직 이문동을 모르는 사람에게 호기심과 방문 욕구를 자극한다 - 이문동을 잘 알고 있다고 생각하는 주민과 상인들에게 새로운 관점을 제시한다 - 사랑하는 사람에게 이문동에서 데이트하자고 조를 수 있도록 알려준다

위의 가이드라인에 따라 학생들이 선정한 이문동 골목길의 테마는 아래와 같다.[3]

1화) 벽이 들려준 이야기 : 독구말. 놀이터도서관

2화) 이문동을 처음 만난 외국인에게 : JJAY45 (bar)

3화) 나무를 따라 걷는 이문동 산책지도 : 사색길. 거닒길. 담소길

4화) 천천히 오래보아야 아름답다, 이문동 느림갤러리 : 신고서점. 관불사

5화) 이문동 사랑방에서 시간의 향기를 맡다 : 독구말 공원. 두산슈퍼

6화) 꺼지지 않는 이문동 : 월요순대. 5로브즈(빵집)

7화) 이문동 시간여행, 사라질망정 흐려지지 않을 : 길 다방. 신고

3) 상세한 연재 스토리는 브런치에서 E moon Society 검색을 통해 확인할 수 있다.

서점

8화) 우리들의 시간은 함께라서 행복합니다 : 한길지역아동센터

9화) 말이 필요 없는 공간 : 덕수 이발소

10화) 뉴커머를 위한 따뜻한 만두 맛집 : 다일만두

11화) 이문동의 두 얼굴 : 밤길이 무서운 어둡고 후미진 골목들

각 연재는 콘텐츠의 특성에 따라 글의 구성과 감성이 상이하다. 이문동을 경험한 학생들의 감성과 사유에 따라 테마가 선정되었다. 예를 들어 3화에 연재된 이문동 산책지도의 경우 '대학생들이 산책을 하지 않는 이유'라는 물음에서 시작했다. 산책을 독려하면서 이문동의 골목 감성을 알려주기 위한 전략이었다. 우선 학생들을 대상으로 산책 빈도와 산책을 하지 않는 이유에 대해 설문조사를 실시했다. 설문 결과를 토대로 학생들에게 유용한 맞춤형 산책지도를 제작했다.

이문동 뉴커머를 위한 따뜻한 만두 맛집
애정으로 꽉 찬 만두 먹어볼래?
by E moon society · Aug 24. 2016

나무를 따라 걷는 이문동 산책지도
"우리 같이 걸을까?"
by E moon society · Aug 03. 2016

이문동을 처음 만난 외국인에게
누구에게나 나만의 장소가 필요하다
by E moon society · Jul 30. 2016

이문동에서 일주일에 산책을 얼마나 하나요? (응답 100개)

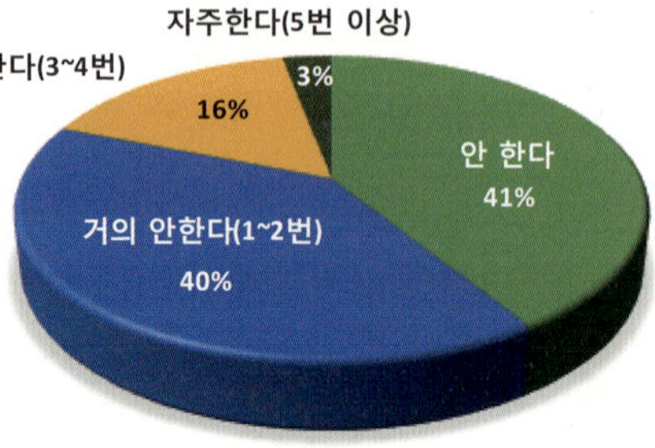

산책을 잘 하지 않는 이유가 무엇인가요? (중복가능)(응답 81개)

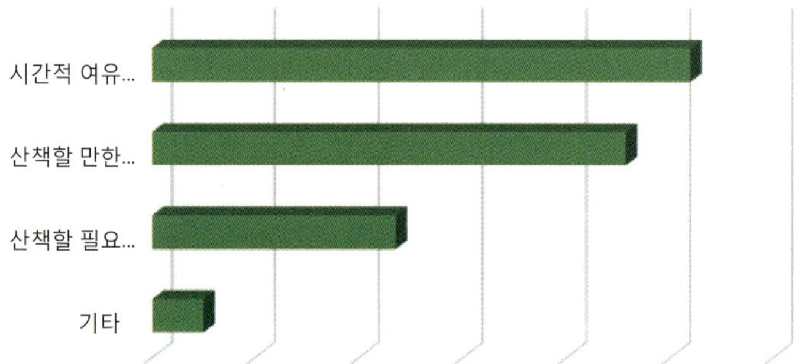

2화에 소개된 <이문동을 처음 만난 외국인에게>의 경우 해외여행 또는 교환학생을 다녀온 학생들이 느꼈던 이방인으로서 외로움, 정보공유의 어려움 등의 경험이 묻어난 콘텐츠이다. 따뜻한 둥지같은 공간을 제공하면서 외국인 유학생과 학생들의 소통이 원활한 바(BAR)를 소개하고 있다. 6화에 소개된 월요순대의 경우 월요일 저녁마다 외대 후문 앞에서 순대를 파는 상인을 취재한 글이다. 상시적으로 있는 공간이 아니기 때문에 기다림이 설레고, 반가운 공간이 된 순대 트럭. 월요 순대의 맛을 사랑하고 기다리는 학생들의 소박한 마음이 이야기가 된 사례다.

그런가 하면 11화의 이문동의 두 얼굴 편은 여학생들 사이에 무섭고 후미진 곳으로 꼽히는 골목들을 소개하면서 낮과 밤의 차이를 대비시켰다. 문화지도는 다양한 온도를 간직한다. 맛있는 지도, 따뜻한 지도, 무서운 지도, 신기한 지도.. 지도가 다양한 정보와 이야기를 품을수록 로컬리티의 정체성은 더욱 분명하게 드러난다.

연재마다 온도의 차이는 있지만 에세이의 목적은 이문동을 다른 시선에서 경험할 수 있도록 하는 새로운 관점을 제시하고 있다는 점이다. 이문동에 사는 사람도, 이문동을 잘 알지 못하는 사람들에게도 유용한 이야기가 될 수 있도록 학생들과 상인들이 협력하여 취재와 답사, 인터뷰를 진행한 결과이다. 문화지도는 이야기지도이며, 삶의 모습을 담아내는 소통의 플랫폼이다. 다양한 사람들의 표정과 일상, 추억과 현재가 공존하면서 수없이 덧입혀지고 새롭게 작성된다.

② 오픈소스를 활용한 디지털 매핑

취재와 답사를 통해 확보된 다양한 이야기와 이미지, 영상을 활용해서 오픈소스를 활용한 디지털 매핑을 시도했다. 지리적 주소와 위도 및 경도, 공간의 이름과 정보 등을 입력한 후 마킹했다. 지도플랫폼은 오픈 API를 제공하는 홈페이지를 이용했다. API는 Application Programming Interface의 약어로서 외부에서 특정 소프트웨어를 쉽게 이용할 수 있도록 제공하는 프로그램이다. 한국외대 학생들이 이문동 컬처 매핑에 활용한 플랫폼은 wix.com 이었다.[4] 구글, 다음, 네이버 등 대형 포털사이트가 제공하는 지도 서비스의 경우 사용자가 제어할 수 있는 정보량이 많지 않은 반면 wix.com의 경우 사용자 중심의 정보 구성과 디자인이 다양해서 선택했다. 단순히 정보를 입력하고 광고하기 위한 기술 기반보다는 사용자가 스스로 정보를 통제하고 활용할 수 있는 기능이 부여된 플랫폼이 창의적인 실험이 가능하다. 컬처 매핑에서 중요한 것은

4) http://alertsky3.wixsite.com/imun

자율성과 정보 통제가능성이라는 기준에서 보다 개방된 시스템을 선택하는 것이다. 지도가 다양한 분야에서 중요한 도구로 활용되기 시작하면서 최근에는 wix.com 외에도 다양한 오픈API를 제공하는 지도 플랫폼이 출시되고 있다. 복잡하고 어려운 기술을 활용하기보다는 단순하지만 접근성이 좋고, 사용자의 참여가 편리한 플랫폼이 유용하다.

지도 마킹에 필요한 정보 수집은 구체적인 가이드라인을 활용했다. 통일된 기준의 정보를 수집하기 위해서 학생들이 작성한 정보 수집 가이드라인은 아래와 같다.

<표 13> 오픈소스를 활용한 디지털 지도 마킹 정보 수집 가이드라인

과제 명	지도로 만나는 이문의 속살
작성 양식	엑셀
장소 명	가게 명 또는 길, 건물 등의 공식 명칭
주소	도로명이 표기된 신주소로 작성할 것
위도/경도값	각 공간의 위치를 마킹할 수 있는 수치 (구글 위성지도 참조)
전화번호	지도 상에서 바로 확인할 수 있는 서비스
영업시간	가게 영업일/휴무일, 공공시설의 경우 개방정보, 이용료 등
소요시간	전철역 또는 외대 정문 등 정확한 기준을 중심으로 거리와 시간 명시할 것
대표 메뉴	식당/카페의 경우 인기메뉴/가격/이용에 도움 되는 tip 안내
사진	공간의 대표 이미지 (직접 촬영한 사진 또는 가게에서 제공한 사진)
링크 주소	홈페이지 또는 동영상 링크가 있을 경우 첨부
유의사항	검색의 용이성 + 정보의 정확성 + 공유의 가치

위의 가이드라인에 따라 학생들이 작성한 양식은 아래와 같이 wix.com 사이트에 마킹되었다. 해당 사이트에 들어가서 마킹된 정보를 클릭하면 각 공간에 대한 자세한 안내와 이미지를 확인할 수

두산슈퍼마켓(정확하게는 주변 길거리)
효예종관불사원
경희대 후문 근처 골목
한국외국어
대학교 서울캠퍼스
한길지역아동센터
외대앞역
외대앞 역 왼쪽 골목
비술나무 담소길
먹순이발관
경희대학교 서울캠퍼스
경희사이버대학교
이문초등학교
신이문역
이문동우체국
이문1동주민센터
휘경동양2차아파트
메가박스

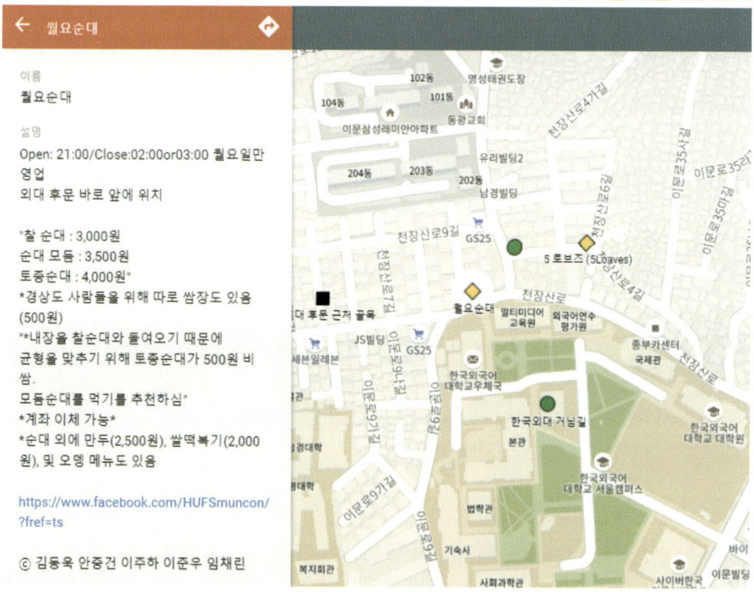
월요순대
이름
월요순대
설명
Open: 21:00/Close:02:00or03:00 월요일만
영업
외대 후문 바로 앞에 위치
"찰 순대 : 3,000원
순대 모듬 : 3,500원
토종순대 : 4,000원"
*경상도 사람들을 위해 따로 쌈장도 있음
(500원)
"*내장을 찰순대와 들여오기 때문에
균형을 맞추기 위해 토종순대가 500원 비
쌈.
모듬순대를 먹기를 추천하심"
계좌 이체 가능
*순대 외에 만두(2,500원), 쌀떡복기(2,000
원), 및 오뎅 메뉴도 있음
https://www.facebook.com/HUFSmuncon/
?fref=ts
© 김동욱 안중건 이주하 이준우 임채린
5 로브즈 (5Loaves)
천장산로
한국외대 거님길
한국외국어
대학교 서울캠퍼스

있다. 아이콘이나 정보 구성 등의 가공 솜씨는 대기업의 포털사이트에서 제공하는 것보다 소박할 수 있다. 그러나 학생들이 직접 취재하고 길어 올린 디지털 지도에는 이문동을 잘 아는 사람, 이문동을 좋아하는 사람만이 알고 있는 유용한 정보와 친절한 이미지가 담겨 있다. 누군가 이문동의 속살을 찬찬히 알고 싶다면 지도가 알려준 대로 그곳을 찾아가보길 바라는 마음이 투영되어 있다.

③ SNS 모바일카드 홍보

포털사이트 에세이 연재와 디지털 지도로 제작된 이문동 콘텐츠를 홍보하는 채널로 SNS를 활용했다. 홍보가 목적인만큼 자세한 정보보다는 일상적 말 걸기를 통해 이문동에 대한 호기심을 자극하는 것이 중요했다. 학생들은 평소 자주 접했던 페이스북 모바일 카드 형식으로 자신들이 취재한 이문동 스토리를 각색하고, 이미지를 선택했다. 페이스북 모바일 카드의 경우 휴대전화로 소비되는 경우가 많기 때문에 단 몇 장만으로 이문동콘텐츠에 대한 관심을 갖도록 해야 했다. 따라서 무겁고 많은 정보를 싣는 것보다는 중요한 키워드와 흐름만 노출하는 방식이 효과적이다. SNS의 특성상 일상적이고 친밀한 말 걸기 방식이 중요하며, 모바일에서도 잘 전달될 수 있는 타이트하고 명확한 주제를 담은 이미지가 핵심이었다. 페이스북의 모바일카드는 섬네일 형식으로 제공되는 정보서비스로 텍스트나 영상과는 또 다른 소통 도구이다. 스마트폰으로 정보를 이용하는 사람들에게 모바일카드를 통한 홍보는 방송의 예고편 또는 티저에 해당되는 창구 역할이 가능하다. SNS의 특성 상 장황하거나 무거운 글쓰기를 지양하고 이미지와 적은 분량의 정보가 잘 어울릴 수 있는 제목선정, 정보구성이 핵심이었다. 일대일 대화 형식으로 이용자가 자신을 위한 맞춤 정보라는 인식을 할 수 있도록 최대한 친절하고 편안한 디자인에 중점을 두었다. 취재노트와 영상, 사진 등 다양한 정보들 중에 SNS에 적절한 이미지와 타이틀을 정하고, 6-8장 내외의 모바일 카드를 제작했다. 학생들에게 제시된 모바일카드 제작 가이드라인은 아래와 같다.

<표 14> 모바일카드 제작 가이드라인

과제 명	카드로 만나는 이문의 속살
카드구성	자유형식 (키워드와 이미지 등 자유롭게 활용)
카드분량	10-15장 사이
카드선택	각 테마에 맞는 컬러를 선택해서 배치와 구성을 자유롭게 할 것
카드 제목	큰 테마(말 걸기용) + 부제(부언설명 또는 호기심 강화용)
유의사항	참신한 구성 + 정보의 유용함

모바일카드는 요약된 정보를 제공하고 호기심을 자극하는 광고 효과를 목표로 작성되었기 때문에 모바일카드 말미에는 디지털 지도와 브런치 에세이로 넘어갈 수 있는 링크를 게시하였다. 제작가이드라인에 따라 학생들이 작성한 카드의 예시는 아래와 같다. 보다 자세한 카드 콘텐츠는 해당사이트에서 확인할 수 있다.[5)]

5) https://www.facebook.com/HUFSmuncon/

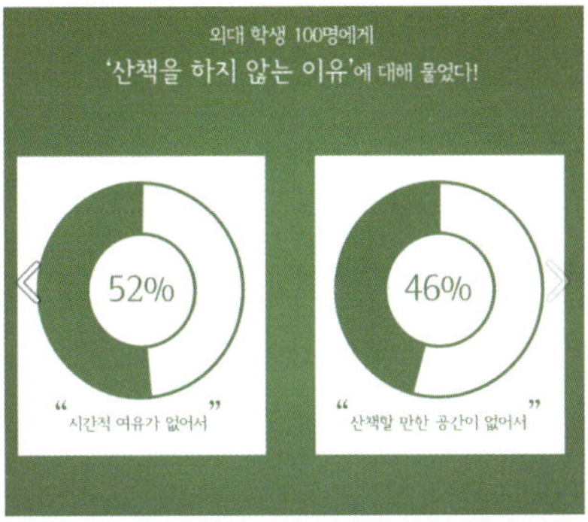

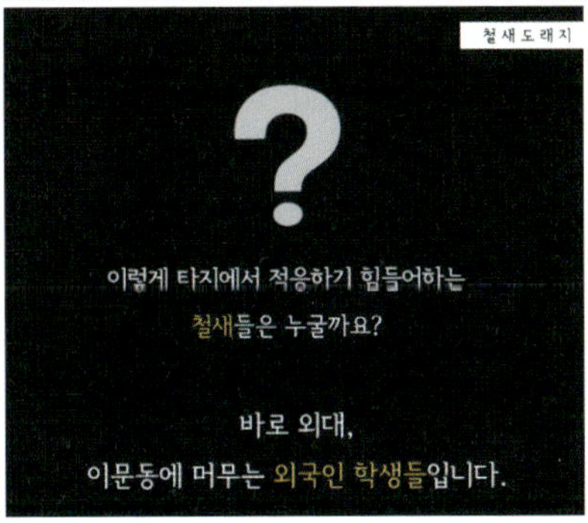

이문동 골목 이야기가 담긴 브런치 연재-디지털 지도-모바일 카드 등 세 가지 플랫폼은 모두 연결되어 있다. 어떤 플랫폼에서 정보를 접해도 연결된 다른 플랫폼으로 이동이 가능하도록 설정했다. 브런치를 읽고 나서 지도를 클릭하면 에세이에 등장하는 장소들의 주소를 확인할 수 있고, 페이스북 모바일카드를 통해 이문동의 골목 이야기에 관심이 생겼다면 카드의 마지막에 연결된 브런치 에세이로 이동하는 방식이다. 각각의 다른 기술과 수용자들을 보유한 플랫폼을 연결하는 것은 지도를 통해 장소를 다양하게 이해하고 경험하도록 이끄는 방식이다. 디지털 시대 지도는 단순히 정보가 적힌 종이 또는 이미지가 아니라 정보를 경험하고 연결하는 소통의 플랫폼이다. 동네와 동네 바깥을 연결하는 힘이 디지털지도에 있다.

문화지도 프로젝트를 통해 얻을 수 있는 또 한 가지 장점은 사진, 영상, 글쓰기, 홍보와 마케팅 등 다양한 미디어 리터러시를 경험할 수 있다는 점이다. 각각의 플랫폼에 최적화된 포맷을 이해하고 거기에 맞는 콘텐츠를 제작하는 것은 그 자체만으로도 효과적인 미디어 리터러시 교육이다. 이처럼 디지털콘텐츠 플랫폼은 스토리를 공유하는 기술적 장이면서 동시에 이야기의 관점과 서사를 결정하는 중요한 프레임이다. 따라서 어떤 플랫폼을 사용하느냐가 스토리의 화법과 정보의 양, 때로는 서사의 흐름도 좌우한다. 플랫폼을 이해하고, 플랫폼에 최적화된 글쓰기를 하는 능력은 단순히 기술을 사용하는 활용능력의 차원에서 벗어나 기술의 방향과 감성, 가치를 사유하고 실천하는 과정이다.

④ 학생-상인이 함께 제작한 60초 영상 제작

학생들 간, 그리고 학생-상인 간 공감대 형성을 위해서는 콘텐츠 제작 주체들의 공간 이용 방식을 성찰하고 재해석하는 과정이 필요하다. 소비의 공간 혹은 일상생활의 배경으로만 경험했던 장소들의 역사와 특성, 그 속에서 살아가는 사람들의 이야기를 접하면서 조금씩 다른 시선과 의미가 생성된다. 문화지도의 경우 특정 장소에만 존재하는 공간과 사람, 이야기와 사건을 기록하는 작업이기 때문에 대형프랜차이즈의 획일적 공간을 최대한 지양하고 동네의 정서를 잘 간직한 장소들을 중심으로 기록하는 것을 목표로 해야 한다. 외대 앞 공간을 예로 들면, 서울시 동대문구 이문동에만 존재하는 다양한 공간들 중에서 학생들이 좋아하고 자주가는 혹은 새롭게 발견한 장소들을 선택하고, 그곳에서 공간을 영위하는 주민과 상인들을 지도제작의 주체로 섭외했다. 동네의 오래된 추억과 역사를 이야기하고, 변천사를 간직한 사진도 함께 보는 과정을 통해 새로운 관계망을 형성해갔다. 이러한 과정을 통해 지역의 이야기가 사람과 사람, 사람과 공간, 사람과 시간을 가로지르는 새로운 커뮤니티 형성으로 발전해가는 역할을 하게 된다.

이문동 60초 영상의 경우 형식적인 소개 인터뷰나 이미지 촬영을 지양하기 위해 영상의 기획의도를 먼저 검토했다. 가장 중요한 것은 '왜 이 공간을 선택했는가? '에서 출발하는 것이다. 이를 위해 학생들에게 취재하고 싶은 장소를 선택하도록 했고, 그 사유를 기록해보도록 했다. 이때 장소의 중복을 막기 위해 원하는 장소를 세 곳 정해서 1-2-3 순위를 정하게 하고, 구체적인 자신의 경험과 이유를 들어 취재 희망사유를 작성하도록 했다. 만약 장소가 중복될 경우 희망사유가 설득력 있게 작성된 사람이 취재하도록 규칙을 정했다. 여기서 설득력이란 공간 경험이 풍부하고 공간을 운영하는 상인 또는 주민과의 관계망이 형성된 것을 의미한다. 또한 효율적인 지도 정보를 위해 장소구분을 제시했다. 장소구분은 식당, 카페와 같이 많은 학생들이 이용하는 공간과 주민들의 생활공간, 지역의 역사가 담긴 공간을 골고루 취재하기 위한 필터링이었다. 학생들에게 제시된 장소사용 신청 가이드라인은 아래와 같다.

<표 15> 장소 신청 가이드라인

과제 명	내가 만난 외대앞
작성요령	• 취재 희망사유를 자세하게 적을수록 중복 시 당첨확률 높음 • 1,2,3 순위 장소들이 서로 다른 특성을 지닌 곳으로 신청할 것
장소구분	(Restaurant) 식당 (Cafe) 카페 (Shop) 주점 (Amusement) 놀이공간 (예) 오락실. pc방. 보드게임방. 코인노래방. 만화방. 당구장 (Educational) 교육공간 (예) 미술학원. 공방 등 (Historical) 유적지 (예) 의릉. 전씨가문 비석 등 (People) 주민들 (예) 이문동 상인, 주민, 학생 (Public) 공공시설 (예) 놀이터. 외대앞역. 노인정. 숲속도서관 등

위의 가이드라인에 따라 학생들이 제출한 장소신청서의 예는 다음과 같다.

<표 16> 장소신청서 샘플1

희망 순위	장소명	장소 구분	희망사유
1	이문동 커피	카페	16년 4월에 전역을 하고 복학 전부터 학교를 자주 나왔었다. 그즈음에 '플랫피플'이라는 이름의 카페도 생겼다. 옛날 카빙당 맞은 편에 위치했던 '플랫피플'은 정문과 후문 모두에서 멀리 떨어진 애매한 위치 탓에 어려움을 겪을 수밖에 없었다. 하지만 나는 그 조용한 골목이 좋아서 조금 번거럽더라도 거의 매일을 찾아갔다. 가게가 생긴지 1년 반정도 되었는데 나도 그 정도 기간을 단골 손님으로 다니고 있다. 최근 카빙당 가게가 건물주와의 문제로 장소를 옮긴 일이 있었다. 그 사건을 나의 입장에만 서서 함부로 말할 수는 없을 것이다. 하지만 그 골목에 한량처럼 앉아 일이 어떻게 흘러간지를 목격한 나는 내가 어느 정도 사건의 진상을 목격했다고는 생각한다. 아무튼 그 사건을 통해서 카빙당이 옮기게 되었고, 카빙당 사장님과 친했고 건물주의 갑질에 수시로 분개했던 플랫피플 사장님은 건물주와 또 다른 갈등을 겪으며 가게를 옮기게 된다. 그게 '이문동 커피'였다. 비록 기존 카빙당 골목 안에 위치하고 건물주의 가게와도 가깝지만, 건물주와 더 이상 마주보고 장사를 하지 않는데서 만족하시는 것은 아닐까 추측을...... 특히 지난 학기는 학교에서 혼자 많이 있었다. 우울한 일도 있었고 조용히 혼자 앉아 있고 싶은 맘도 컸기 때문이다. 그럴 때마다 플랫 피플을 찾아갔었다. 테이크아웃 전문 집이었던 그 좁은 가게 안을 비집고 들어가 몇 시간을 앉아있었던 적도 있다. 학교 주변 가게 중 내가 거의 유일하게 정붙인 공간이라는 생각이 든다. 꼭 하고 싶다. 꼭 하고 싶습니다!!!
2	카빙당	식당	플랫피플을 자주 간 탓에 카빙당도 종종 들렀다. 플랫피플 사장님은 카빙당 사장님께 음료를 챙겨드렸고, 카빙당 사장님은 플랫 피플 사장님께 음식을 챙겨드렸었다. 그 골목에 앉아서 그런 모습을 보고 있으면 괜히 맘이 편해지는 것 같았다. 카빙당 돈가스와 카레는 너무 맛있다. 그런데 조심할 것은 '돈가스카레'를 시켰을 때 나오는 돈가스를 기대하고 '돈가스'를 시키면 안된다는 것이다. 다른 종류의 돈가스가 나온다. ㅎㅎ
3	자연 김밥	식당	혼밥을 위해 자주 가지만 사실 취재할 자신은 없다. 밥먹고 있으면 사장님이 반찬 서비스도 많이 주시고 말도 걸어주시지만 어딘가 어색하다. 술먹고 뒤집어진 속을 부드럽게 달래기 위해 가기에 안성맞춤인 곳이다.

<표 17> 장소신청서 샘플2

희망순위	장소명	장소구분	희망사유
1	이리오리	식당	이리오리의 빨간 의자가 좋다. 인테리어라기보다는 그저 빨간색을 좋아해서라는 이유가 더 맞아 보이는 빨간 벽도 좋다. 이리오리 윗집에 사는 친한 언니의 관찰결과, 밑집에는 손님보다 사장님의 지인들이 더 많이 오는 것 같다고 한다. 그 이름처럼 오리구이를 전문으로 하나 김치찌개까지 잘한다. 점심메뉴인 존슨스 김치찌개는 정말이지 싸고 맛있다.
2	꿀꿀	식당	꿀꿀 김치찌개는 정말이지 엄마가 해주는 김치찌개보다 맛있다. 국물이 있는 저녁을 먹으러 갔다가 오돌뼈에 소주까지 시키고야 말게 되는 곳. 함께 갔던 사람들에게 서운했던 것을 참 많이 털어놓았던 것 같다. 좀 더 솔직해질 수 있을 만큼만 취했으므로 다음날 후회하지는 않았지.
3	코끼리분식	식당	8개 내외의 두툼한 떡과 토실한 삶은 계란 하나로 구성된 떡볶이 세트가 무려 1000원이다. 여기에 오뎅 국물 한 그릇은 서비스. 국민은행이 너무 멀다고 느껴져 우리은행에서 돈을 뽑았을 때 드는 은행수수료를 아끼면 한 끼를 해결할 수 있는 곳이다. 현재 주인아주머니께서는 전 주인으로부터 넘겨받은 지 이제 겨우(?) 10년이 좀 넘었다고 하셨으니 적어도 10년의 노하우로 쌓인 맛은 보장하는 곳.

학생들이 작성한 장소신청서는 단순한 사유가 아닌 개인이 희망 장소에서 겪었던 경험과 느낌이 살아있는 짤막한 에세이 형식이 많았다. '자신이 좋아하는 곳', '남들은 알지 못하는 숨겨진 곳' 등을 찾아서 적는 것을 신청서 작성의 중요 항목으로 명시해두었기 때문이다. 문화지도는 제작된 콘텐츠와 정보만큼이나 제작하는 사람의 문화적 감수성이 매우 중요하다. 진정성 있는 소통을 위해서는 우선 자신이 무엇을 좋아하고, 왜 좋아하는지에 대한 사유와 경험이 우선되어야 하기 때문이다. 장소신청서를 취합한 후 중복되는 곳들은 희망사유와 당사자들 간의 의견 조율을 통해 최종 선정했

다. 그리고 각자 정한 장소에 대한 영상제작 가이드라인이 제시되었다. 영상제작의 경우 플랫폼을 먼저 선정한 후 가이드라인을 작성했다. 플랫폼은 지도 제작 당시 대학생들이 많이 사용하는 소셜미디어 중 인스타그램(instagram)[6]을 선택했다. 인스타그램은 일상의 다양한 순간을 포착하는 사진 플랫폼으로 인기를 끌다가 라이브영상과 녹화방송을 업로드하는 영상 플랫폼으로 확장하고 있었다. 60초는 2017년 콘텐츠를 제작했던 시기에 인스타그램에 업로드 가능한 영상의 최대 길이었다. 영상 제작이 처음인 학생들도 많고, 복잡할수록 기술력과 시간이 많이 소모되기 때문에 최대한 짧은 길이와 간단한 기술을 지향해야 했다. 이는 문화지도의 제작 주체를 고려할 때 반드시 배려되어야 하는 사항이다. 전문기술과 지식을 동원해야 하는 복잡한 콘텐츠는 기획 단계부터 일반인의 참여를 유도하기 어렵고, 그 결과 미디어 이용능력이 있는 사람이 독점할 확률이 크기 때문이다. 동네에 사는 다양한 주민과 상인, 학생들의 미디어 리터러시 능력을 살펴서 가장 쉽고 편리한 기술을 통해 콘텐츠를 구현해야 한다. 다음은 60초 영상을 제작하기 위해 학생들에게 제시된 가이드라인이다.

6) 인스타그램은 사진 및 동영상을 공유할 수 있는 소셜미디어 플랫폼으로 2010년 10월에 첫 서비스를 오픈했다. 이후 페이스북에 인수되었고, 2017년 9월 기준으로 전세계 월간 활동사용자(MAU) 수가 8억명을 돌파했다. 인스타그램 플랫폼을 사용하는 것은 일상적 미디어로서 먹고, 마시고, 산책하고, 놀이하는 공간을 스마트폰으로 쉽게 보고 찾도록 하기 위함이다.

<표 18> 인스타그램 60초 영상 제작 가이드라인

과제 명	내가 만난 외대앞_60초 영상
과제소개	각자 정한 장소를 취재하여 60초 영상을 제작한다
제작방식	• 인터뷰/스틸/자막/내레이션 등 자유롭게 촬영한다 • 편집은 핸드폰 어플리케이션, PC용 영상편집기 어느 것이든 사용가능
제작형식	절대로 60초(1분)를 넘기지 말 것
유의사항	• SNS에 공식 업로드될 예정이니 일상적이고 편안하게 자신이 선택한 장소가 잘 보이고, 들리도록 담아본다. • 촬영과 편집 기술의 화려함보다는 진정성 있는 한 컷에 집중할 것 • 촬영 비하인드 컷은 따로 모아서 완성본과 함께 제출할 것

앞서 소개했던 페이스북의 모바일카드와 마찬가지로 인스타그램 60초 영상 역시 이문동 콘텐츠를 소개하는 홍보의 목적이 컸다. 다만 모바일카드의 제작주체가 교수-학생이었다면, 60초 영상의 경우 상인들이 직접 연출과 제작에 참여해서 아이디어와 연기를 선보이는 경우가 많았다. 자신이 잘 아는 공간일수록 정보는 다양하고, 감성 있게 표현되었다. 자신이 잘 아는 공간이었음에도 불구하고 숨겨진 이야기를 듣고, 자세한 이미지를 담는 과정에서 공간은 특별한 의미를 지닌 장소가 된다. 취재의 대상은 사람, 동물, 식물, 사물, 계절, 시간, 소리 등 다양하게 기록되었다. 기록의 시점은 동네를 한 번도 와보지 않은 사람을 기준으로 하는 것이 적절하다. 이문동에서 오래 살았던 사람이 전하는 정보 중에서 이곳을 잘 알지 못하지만 비슷한 동네의 추억을 가졌거나 호기심으로 한 번쯤 방문하게 될 외부인들이 공감할 만한 내용을 선택해서 배치하는 것이 중요하다. 60초 영상의 경우 짧은 시간 안에 장소정보와 장소가 가진 매력을 동시에 보여주어야 하기 때문에 너무 많은 것을 담

<그림 6> 이문동 60초 영상 인스타그램 이미지
(출처: https://www.instagram.com/imunmaps/)

기보다는 하나의 핵심 포인트만 강조할 수밖에 없는 구조였다. 이것이 오히려 영상콘텐츠 제작에 익숙하지 않은 학생들에게 부담을 덜어주고, 취재대상들의 이야기 중 핵심적인 내용만 골라서 배열하는 훈련을 하는 데에 효과적이었다. 학생들이 제출한 60초 영상의 테마들은 아래와 같다.

- 친절한 물고기 김밥 이용설명서
- 외대앞 건강전도사, 내가 만들어먹는 샐러드
- 소원을 이뤄주는 순댓국집
- 오랜만에 집에 온 듯한 기분, 카페 랍슨
- 이곳에서만큼은 편안하게, 외대게임월드
- 달콤함을 천천히 오래 전하는 곳

- 가성비갑 즉석떡볶이가 먹고 싶다면?
- 방랑하는 자들의 헤테로토피아, 원더러스트
- 차 한 잔의 기분좋은 마법, 문립
- 편하고 따뜻하게, 런던모드
- 내일 또 오고 싶은 뮤직펍
- 서울엄마의 품, 노리터
- 평범했던 일상이 특별해지는 플라워카페

학생들과 상인들이 함께 만들어낸 이문동의 테마들은 얼핏 경험하는 동네의 표면적 이미지에서는 기대할 수 없는 감성들이다. 똑같은 골목, 노후된 간판들, 낯선 사람들이 가득한 도시공간이 따뜻한 불빛과 인정가득한 장소로 다가서는 계기가 마련된 것이다. 정기용은 건축에서 가장 중요한 의제를 지속성이라고 말한다. 지속하는 것들이 지역의 역사적 기억이 되고, 문화적 감수성과 정체성을 형성하게 된다고 강조한다.

> 모더니즘이 배재한 사람은 감성적이고, 상상력의 한계를 늘 박차고 나가는 존재다. 왜 우리는 똑같은 집에서 살아야 하나? 감성과 상상력과 집이 허용하는 범위를 넓힐수록 얼마나 우리는 자유로울 수 있는가? 사실 삶에 제일 근사한 집은 창고 같은 집이다. 집은 칸 많이 치고 세련된 디자인을 가미하고 기능적으로 분할된 공간이 아니라 살던 모든 것을 수용하는 열린 공간이어야 한다. 사람의 상상력과 감성을 인지하는 건축은 변경이 가능한 공간으로

우리의 삶을 해방시켜 주려고 노력한다.[7]

정기용은 장소가 역사에 편입되는 풍경을 '그림일기(figurative journal)'에 비유한다. 어떤 길목에서 할아버지가 보던 풍경을 똑같이 아버지가 바라보았고, 그 아들 또한 같은 풍경을 바라볼 수 있을 때 풍경은 역사가 되고, 집단의 기억으로 남게 된다. 반복적 몸짓으로 탄생하고, 일상을 통해 각인되는 공동의 체험이야말로 문화를 지속시키고 만들어나가는 원동력이라고 할 수 있다. 그러나 우리의 현실은 그림일기와는 사뭇 멀고 아득하다. 근대화를 이끈 모더니즘 건축은 자연을 배제하면서 건축의 자율성 측면에서 많은 발전을 일궈냈지만, 반면 인간마저도 도시나 건축 속에 사는 기계로 대하는 불행을 초래했던 것이다.[8]

이문동 스토리가 담긴 인스타그램의 계정은 이문맵스(imunmaps)라는 이름으로 게시되었다. 이문맵스는 외대에서 문화콘텐츠를 전공하는 학생들이 모여 로컬콘텐츠를 제작하고 공유하기 위해 만든 대학생 창업동아리의 이름이었다. 이문맵스 페이지에 게시된 영상들은 다양한 목소리와 이미지의 결합이다. 영상으로 기록된 마을의 이야기들은 섬네일 상으로도, 실제 영상 속 이야기로도 서로가 서로를 비추고 있는 듯 했다. 지도의 기능을 포함시키기 위해서 각각의 영상 속에는 언제든지 이문동의 장소들을 찾아갈 수 있도록 기본적인 이용 정보가 포함되어 있다. 어떤 플랫폼을 접해도 지역의 이야기와 정보를 경험할 수 있도록 하는 것이 로컬콘텐츠로서 문화

7) 정기용, 『감응의 건축』, 현실문화, 2011, pp.294-300.
8) 정기용, *Ibid.*, pp.300-301.

지도의 기능이자 사명이다. 외대는 이문동에서 개교한 지 60년이 넘었다. 대학과 지역이 함께 살아온 시간만큼 쌓여온 역사를 지역의 주체들이 직접 기록하고 전하는 것은 그 과정만으로도 소중한 문화적 행위이다. 건축가 정기용의 표현을 빌리자면 이문동만의 그림일기가 시작된 것이다. 이처럼 문화지도는 근대 도시가 생략했던 사람들의 문화적 기억과 흔적을 복원하고, 연결함으로써 공동체만의 독특함을 드러내는 작업이다. 도식적이고, 획일적인 도시공간의 이미지들 속에 감추어진 삶의 다양한 맥락들을 공간의 주체들이 직접 표현하고 공유하는 작업이다. 그러나 1분 남짓의 짧은 영상만으로 모든 이야기와 흔적을 담아내기는 어려웠다. 특히 맥락을 이어가기가 어려웠다. 좀 더 깊이 있는 취재와 인터뷰, 이미지와 현장음을 담아낼 수 있는 콘텐츠의 필요성이 절실해짐에 따라 이문동 동네 다큐를 기획하게 되었다.

⑤ 다큐멘터리 <우리가 만난 외대앞> 상영회 + 주민초청 GV

이문동 이야기를 담은 다큐멘터리 <우리가 만난 외대 앞>은 앞서 제작된 60초 영상과 촬영 소스를 바탕으로 기획되었다. 취재 과정을 기록한 비하인드 스토리와 현장음, 의미있는 인터뷰 등을 다큐 포맷에 맞춰 새롭게 편집하고, 보충 취재를 진행했다. 학생들이 지역을 취재하면서 기록한 사진, 영상, 인터뷰 내용은 클라우드를 통해 아카이빙하였다. 다큐멘터리의 제작은 문화지도 취재에 참여한 학생이 담당했다. 다큐멘터리의 완성도보다는 함께 했던 시간과 관계들을 기록하고, 제작에 참여한 이들의 '지금 여기'를 기록하고, 하나의 역사로 남겨두고자 했다. 인스타그램의 짧은 영상 안에 담을 수 없었던 다양한 이야기들을 다큐멘터리에 담았다. 또한 연출의 기획으로 영상 말미에 상인들이 학생들에게 보낸 영상편지가 에필로그로 제작되었다. 상인들은 열심히 취재를 했던 학생들에게 고마움과 격려를 전했다. 소비의 공간에서 만난 낯선 관계들이 새로운 의미망을 형성하기 시작한 것이다.

<표 19> 다큐멘터리 <우리가 만난 외대앞> 주요 정보

작품 명	우리가 만난 외대앞
장르	다큐멘터리
길이	52분
출연	한국외대 학생들, 이문동 상인과 주민들
촬영	한국외대 학생들, 이문동 상인과 주민들
감독	김준호

약 두 달에 걸쳐 완성된 다큐멘터리의 첫 시사는 콘텐츠 제작에 참여했던 학생, 주민, 상인 등이 함께 하는 자리로 마련되었다. 동네의 이야기를 발굴하고 매핑하는 데에 시간과 노력, 애정과 관심을 쏟았던 주체들이 모여서 고마움과 축하, 앞으로의 발전방향을 논의하는 자리가 필요했기 때문이다. 또한 외부 공유에 앞서 상영을 통해 팩트 체크와 소감을 나누면서 콘텐츠 홍보 전략을 기획하는 데에도 유용했다.

다큐멘터리 <우리가 만난 외대 앞>의 상영회 일정은 상인들의 영업시간을 고려해서 본격적인 영업이 시작되기 전인 오전 10시와 오후 일과를 마치는 저녁 7시 총 두 번으로 정했다. 상영회에 앞서 포스터와 초대장을 만들어 배포하고, 티저 영상을 배포했다. 포스터의 디자인과 배포, 티저 제작 모두 학생들이 제작하였다. 상영회

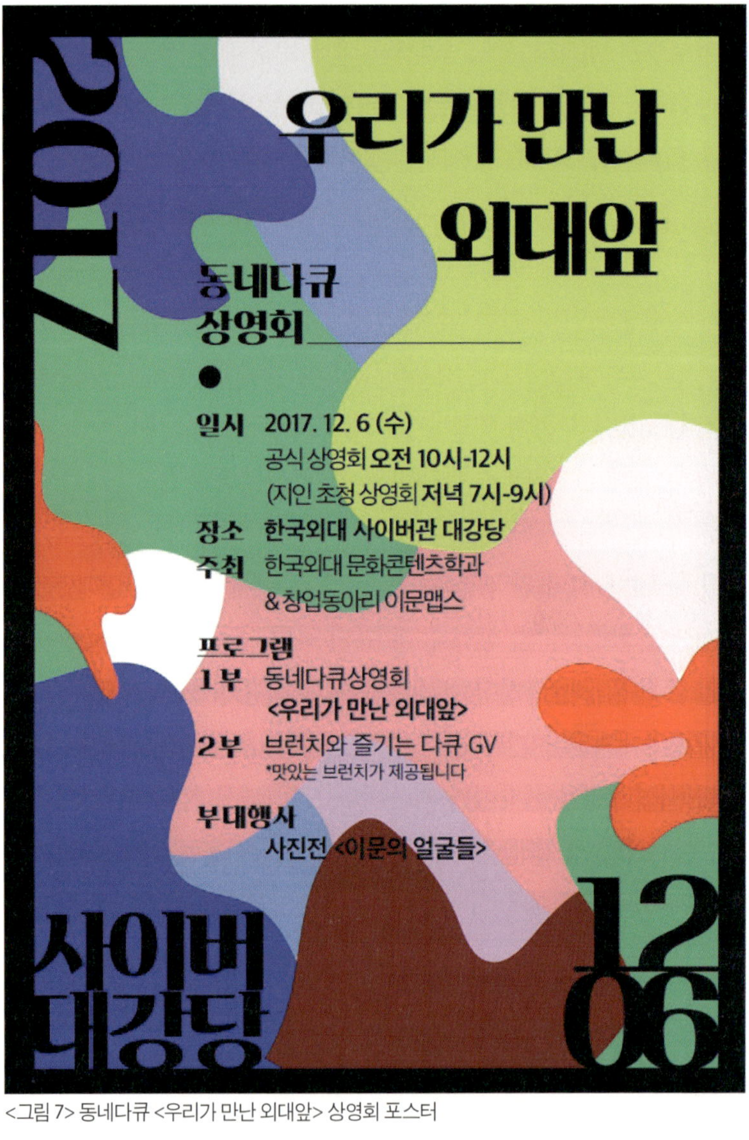

<그림 7> 동네다큐 <우리가 만난 외대앞> 상영회 포스터

우리가 만난 외대앞
2017
동네다큐 상영회
일시 2017. 12. 6 (수)
장소 한국외대 사이버관 대강당
프로그램
1부 동네다큐상영회
<우리가 만난 외대앞>
2부 브런치와 즐기는 다큐 GV
부대행사
12
06
MERRY CHRISTMAS

<'우리가 만난 외대앞' 상영회 뒷풀이 안내>
시간 : 오늘 저녁 9시
장소 : 노리터
회비 : 무료!

한 달 전, 외대 앞 식당, 카페, 분식점 등의 공간에 상영회 포스터가 게시되기 시작했다.

동네다큐 <우리가 만난 외대앞>에는 학생들이 열심히 촬영했던 이문동 공간들의 생생한 순간들이 기록되어 있다. 학생들의 사회로 진행된 동네다큐 상영회는 약 3개월간 진행된 60초 영상과 다큐멘터리 제작을 마무리하는 행사로 진행되었다. 60초 영상이 각 공간을 홍보하고 이용정보를 알려주는 클립이라면, 다큐멘터리는 60초 영상과는 다른 서사로 외대 앞의 감성을 전하는 콘텐츠였다. 다큐 상영을 마친 후, 영상에 등장했던 주민과 상인, 학생들이 함께 모여 감상하고, 취재과정의 에피소드와 제작후기를 나누는 GV를 진행했다.[9]

다큐멘터리는 같은 공간을 살아가는 사람들의 삶을 가로로 횡단하는 소통이다. 누군가에게 오늘은 배고프고 외로움의 시간이고, 또 누군가에겐 기다림의 연속이며, 또 다른 누군가에겐 이별의 고통을 견디는 아픈 시간일 것이다. 학생들과 주민들이 함께 살면서 경험하는 외대 앞 골목 구석구석에 담긴 계절과 이야기들이 다큐멘터리에 인화되었다. 그것은 이후로도 외대 앞의 한 시절을 오래도록 기억할 수 있는 소통의 플랫폼이 되어줄 것이다. 중요한 것은 기록의 시점이 사람, 동물, 사물, 자연 등 무엇이라도 가능하다는 점이다. 학생들이 각자 촬영한 다양한 기법과 서사가 몽타쥬처럼 어우러지는 이미지텔링을 통해 우리가 살아가는 공간의 맥락을

---

9) 다큐멘터리 <우리가 만난 외대앞> 영상은 아래 사이트에서 full 버전으로 감상이 가능하다.
https://youtu.be/anhEF5A2th4

더 깊이 이해할 수 있을 것이다.

⑥ 이문동 테마지도/스티커 제작

이문동의 이야기는 다큐멘터리 외에 종이 지도로 제작되어 지역 내에 배포되었다. 6-7개의 공간을 테마로 묶어 브로슈어 형식의 이문동 탐사지도를 제작한 것이다. 테마지도는 장소의 위치를 알려주는 것과 함께 골목의 형태와 장소들의 특성, 시그니처 메뉴 등 이용자들에게 맞춤 정보를 제공하는 것을 목표로 했다. 브로슈어 제작을 위해 학생들에게 제시된 가이드라인은 아래와 같다.

<표 20> 이문동 테마지도 제작 가이드라인

과제 명	우리가 만난 외대앞 브로셔
양식	엑셀 파일
항목1	타이틀 (공백포함 110자 이상 150자 이내)
항목2	장소 구분
항목3	장소 한글 이름
항목4	장소 영문 이름
항목5	장소 컨셉 (공백포함 25자 이내)
항목6	장소 설명 (공백포함 500자 이내)
항목7	사진 (가로2장+세로1장 또는 가로1장+세로2장)
항목8	주소 (도로명 포함된 신주소)
항목9	영업시간 (휴무일/개점 및 폐점시간)
항목10	메뉴 (판매품목)
항목11	결제방법 (카드/현금/둘다 여부)
항목12	전화번호
항목13	웹사이트 주소 (SNS 채널도 가능)

제작가이드 포맷은 엑셀파일이었고, 학생들은 정보를 체크하고 취사선택하면서 유용하고 편리한 내용을 중심으로 목록을 작성했다. 위치정보, 공간정보와 각각의 장소들을 엮어낼 수 있는 테마를 함께 논의하고, 취재를 진행했다. 테마지도의 가장 큰 목표는 이문동 구석구석을 돌아다니도록 하자는 것이었다. 모두가 같은 동선과 목적지, 소요시간을 공유하는 것이 아니라 각자의 취향과 상황에 맞춰 지도를 다양하게 활용할 수 있도록 다양한 가로지르기를 시도했다. 가독성과 편리성을 갖춘 동네 지도를 만들기 위해 가장 중요한 것은 지리적 특성을 이해하는 것이다. 골목의 생김새와 연결 통로, 랜드마크가 될 수 있는 슈퍼 간판, 길고양이, 보호수, 공공시설, 문화유산 등이 모두 지역의 독특한 정보와 풍경을 간직하고 있다. 로컬콘텐츠는 지역만의 개성있는 생김과 느낌을 표현해야 한다. 테마지도는 텍스트와 이미지로 표현해야 하므로 무엇보다 정확한 정보 구성과 시각효과가 중요하다. 학생들은 팀을 나누어 여러 동선으로 동네를 답사하고, 낮과 밤 등 한 공간을 다양한 시간대에 찾아가 관찰하고 경험했다. 학생들이 직접 발로 뛰고, 찾아낸 테마들은 다음과 같다.

<표 21> 이문동 테마지도 주제

구분	골목 테마	테마 소개 글
A팀	당신을 위한 이문 SIRI	이문동에 처음오신 당신, 어디에 갈지 모르시겠다구요? 걱정 마세요. 지금부터 이문SIRI가 친절하게 소개해드리겠습니다.
B팀	당신의 이문동 가족	외대가 위치한 이문동. 대학가다운 소란한 분위기 그 이면에는 사람냄새가 그리운 당신을 어루만져줄 손길들이 있다. 자주 변하는 풍경 탓에 때로는 낯설어 보이는 곳이지만 이곳 이문동에도, 당신을 따뜻하게 품어줄 가족들이 있다.

구분	골목 테마	테마 소개 글
C팀	이문동네 한바퀴 그곳과 그곡	동네라기엔 다소 낯설고 학교 앞이라고만 부르기엔 조금 서운한 공간. 하지만 누군가에게는 매일 잠들고 일어나는 집이자 주말에 슬리퍼 차림으로 편히 산책하는 동네 살아본 사람만 아는, 구석구석 숨어있는 보물같은 가게들 이어폰을 끼고 걷는 동네 한 바퀴
D팀	자취생의 이문동설명서	이문동에는 홀로 이곳에 들어와 새로운 생활을 시작한 이들이 많다. 가장 많은 시간을 이곳에서 보낼 이들에게 이문동을 누비는 방법을 소개한다. 아직은 낯선 이문동에 머무는 자취생들을 위한 이문동 설명서
E팀	나의 이문동 나무	이문동이 익숙한 당신에게, 혹은 이곳이 낯선 당신에게 우리의 이문동 나무를 소개합니다. 때로는 따뜻한, 때로는 새로움, 편안함과 쉼이 있어요. 나무를 따라가다 보면 이문동을 사랑하게 될 거에요.
F팀	블러디 이문타운	블러디 이문 타운은 혈액형 별 특성에 맞는 쉼터를 추천해주는 테마지도입니다. 모두 혈액형 하나쯤은 가지고 계시죠? 몸과 마음이 지쳐 수혈이 필요하다면 이 지도를 따라오세요. 혼자 시간을 보내거나, 사람들과 떠들거나, 아름다운 것들을 보거나! 당신을 위한 이문동의 맞춤형 수혈장소를 안내합니다.
G팀	감성필터, 이문	다양한 감성, 분위기가 살아있는 이문동. '이문의 감성'을 처음 이문동을 방문한 사람들, 또는 이문이 일상인 사람들에게 '입히다' 일상 속 잊혀진 감성을 찾아줄 이문의 7개의 개성 가득한 공간들. 그 분위기, 맛, 사람을 통해 감정을 각자 온도에 맞게 '보정'하다.
H팀	이문에서의 일주일	이문동에서 유난히 따스한 빛이 비치는 곳. 친근한 사장님이 반겨주시는 사람냄새 나는 곳. 혼자서도 완벽한 힐링을 할 수 있는 곳. 바쁘게 지나가는 일주일을 알차게 채울 수 있는 장소 여섯 곳을 소개합니다. 이문동에서 뱃속은 물론 마음까지 따뜻한 일주일 보내기
I팀	외국인 친구와 이문 한바퀴	외대에는 특수한 언어과가 많은 만큼, 교환 학생으로 온 외국인 학생들이 많다. 인도네시아에서 온 외국인 친구 맥스에게 외대 앞의 카페와 음식점 공간에 녹아들어 있는 한국 문화를 알려주어 맥스가 한국 문화를 친숙하고 쉽게 이해할 수 있도록 도우려 한다.
J팀	이문학개론 - 이문동, 감성과 욕망의 이론과 실제	학교 수업은 끝났지만 우리의 수업은 끝나지 않았다. 진정한 의미의 이문동 배우기는 하굣길에 일어난다. 감성과 욕망이 공존하는 이문동을 찾는 누구나 이문학개론의 학생이 될 수 있다. 감성충전이 필요한 학생은 감성루트를 걸으며 이문동만이 갖는 정취를 느껴보자.

브로슈어는 총 10종류의 테마로 제작되었다. 각 테마별로 장소가 6-7개씩 포함되어 있어서 한 장으로 담아내기가 불가능했다. 총 10종류의 브로슈어로 제작된 이문동의 이야기는 글과 사진, 이용정보로 구성되었다. 브로슈어의 디자인과 이문맵스 로고 모두 학생들이 직접 디자인하였다. 또한 각 브로셔에는 제작에 참여한 학생들의 이름을 표기하여 저작권 출처로 사용하였다. 브로슈어를 보다가 궁금한 영상들은 인스타그램을 통해 직접 확인할 수 있도록 QR코드를 삽입했다. 인쇄된 브로슈어의 앞면은 테마와 공간, 이용정보가 사진과 함께 첨부되었고, 뒷면에는 각 테마에 맞게 그려진 간단한 골목약도가 첨부되었다. 테마별 해당 공간의 위치를 한 눈에 파악하기 쉽도록 이미지화시킨 지도다. 학생들이 제작한 이문동 문화지도 로고는 스티커로 제작해서 브로셔와 함께 함께 배포했다. 각 브로셔의 뒷면에는 앞장에 소개된 장소를 찾아갈 수 있는 캐릭터 지도를 첨부했다. 테마별 장소의 위치와 특성을 한 눈에 파악할 수 있도록 형상화했다. 학교, 문화유적, 자연유산 등 이문동 주변의 공공시설은 모든 지도에 공통으로 사용하고, 테마별 장소만 다르게 표현되었다.

⑦ 사진전 <이문의 얼굴들> 개최

컬처 매핑은 사람과 사람, 사람과 공간, 사람과 시간 사이를 가로지르는 소통이다. 매핑 과정은 많은 시간 이야기를 나누고, 음식을 나누고, 거리를 걷고, 한참을 들여다보는 행위의 연속이다. 공간을 다양하게 느끼고, 관찰하고 탐색하는 과정에서 빼놓을 수 없는 작업이 사진이다. <이문의 얼굴들>은 사진을 전공한 학생의 재능기

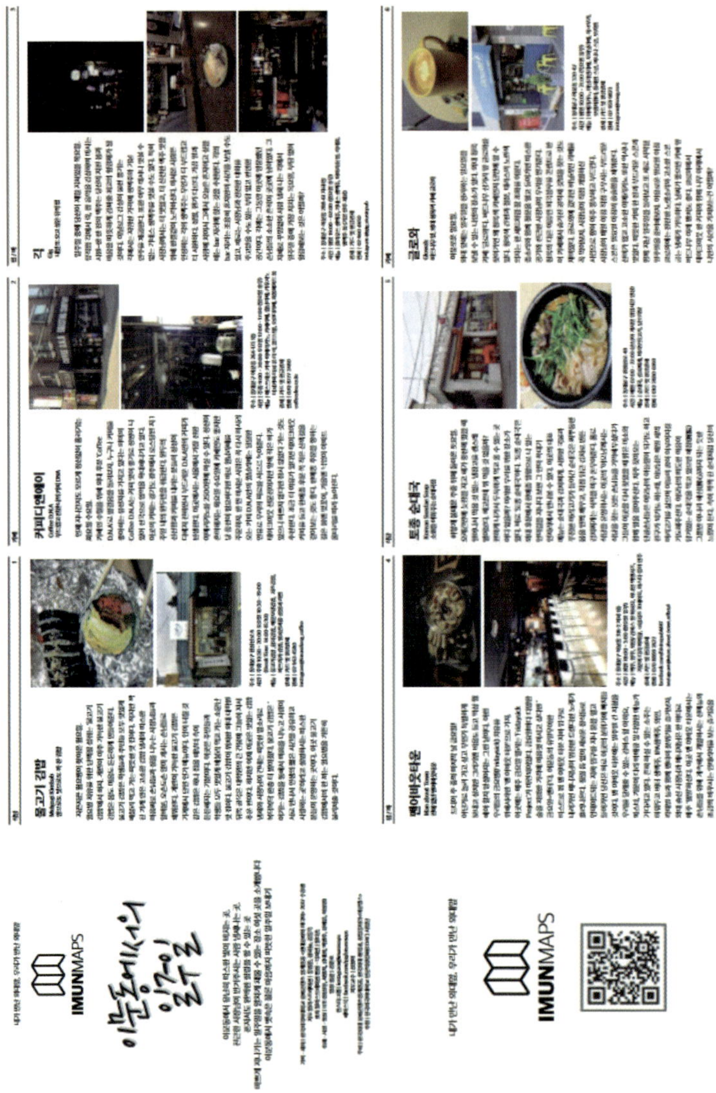

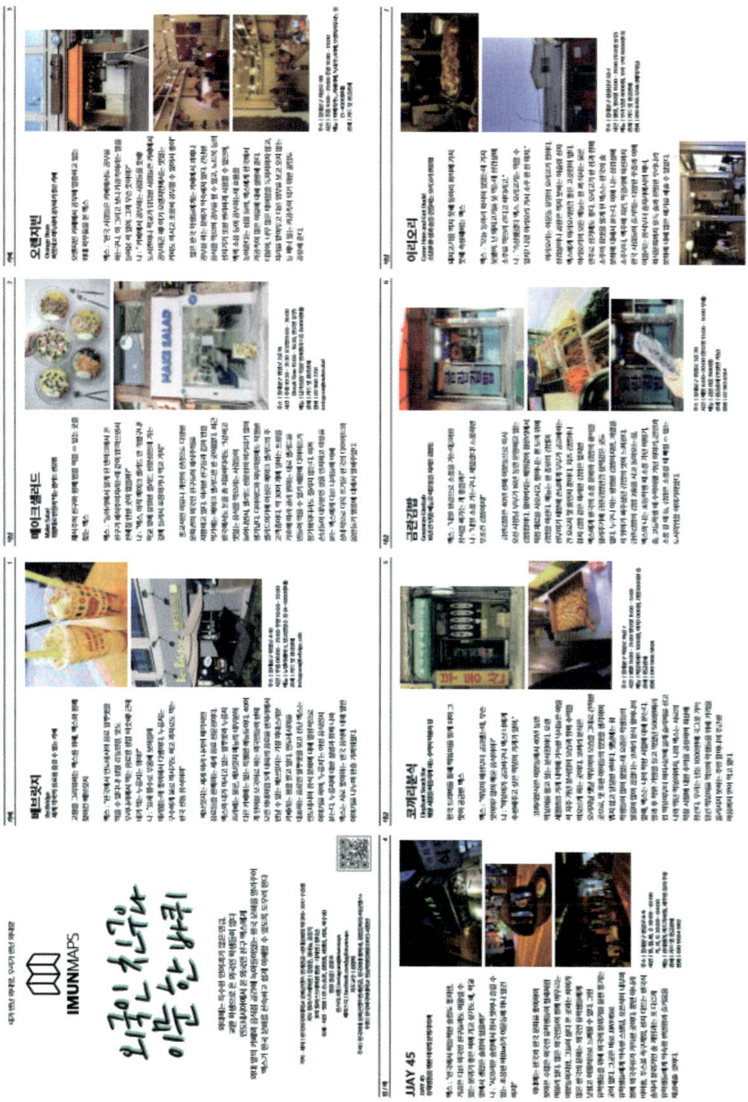

IMUNMAPS
의릉
천장산
이문동 우체국
이문1 치안센터
한국외국어대학교
이문동 주민센터
이경시장
이문동 성당

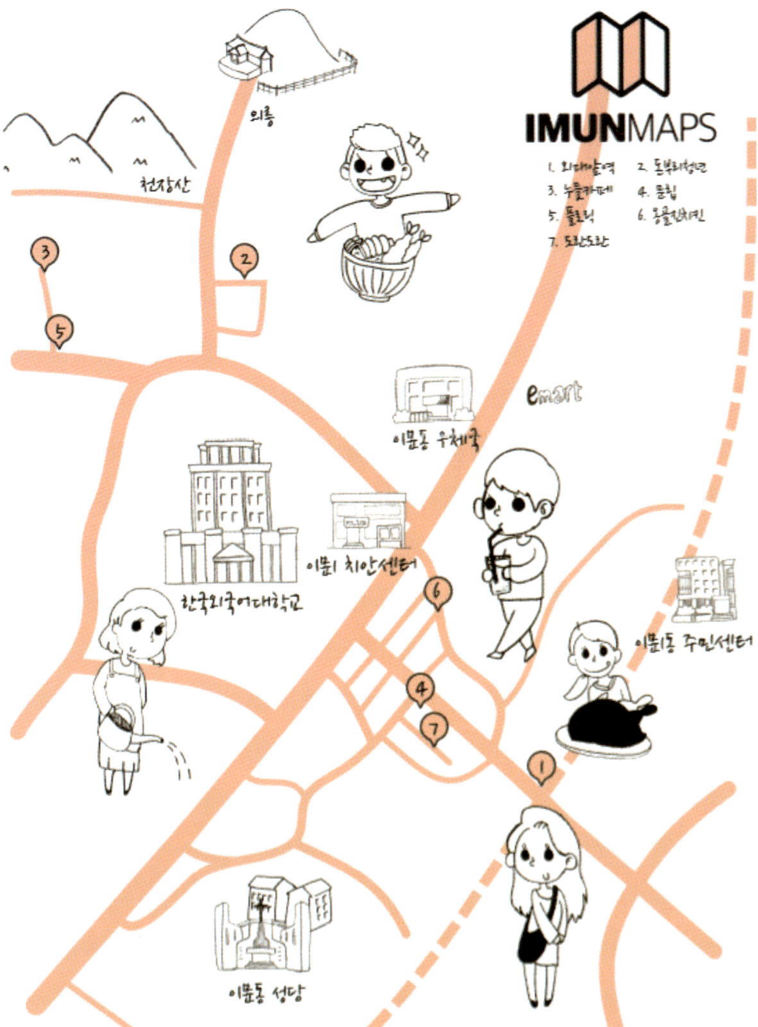
IMUNMAPS
7. 도란도란
의릉
천장산
emart
이문동 우체국
한국외국어대학교
이문1 치안센터
이문1동 주민센터
이문동 성당

내가 만난 외대앞, 우리가 만난 외대앞

IMUNMAPS

<그림 8> 테마지도 로고 및 QR코드

<그림 9> 이문동 문화지도 홍보 스티커

부로 이문동에서 만나는 사람들의 다양한 얼굴을 기록한 전시였다. 얼굴만이 가질 수 있는 세월의 흔적을 이문동이라는 공간으로 치환하는 시도였다. 이문동의 시간과 개인의 시간이 교차하는 순간을 기록하고, 하나의 역사로 아카이빙해보고자 했다. 사진 전공 학생의 의견을 존중해서 배경이 없는 흑백사진으로 완성된 이문동 시간의 얼굴들은 각자의 삶이 담긴 표정으로 카메라 앞에서 포즈를 취했다.

사진은 이문동에서 살아가는 사람들의 장소감을 담고 있다. 애

그뉴(John Agnew)에 따르면 '의미 있는 곳'으로서 장소는 세 가지 특징을 지닌다. 위치(location), 로케일(현장, locale), 장소감(sense of place)이다. 위치는 지구의 좌표값을 가리킨다. 로케일은 사회적 관계를 위한 물질적 배경으로, 남자 또는 여자로, 백인 또는 흑인으로, 이성애자 또는 동성애자로 자기 삶을 살아가는 실질적인 장소를 뜻한다. 장소는 창문, 작업장, 정원, 벽장 등 물질들로 구성되어 있다. 장소는 어딘가에 위치해야 하고 물질적인 시각적 형태를 지녀야 하며, 인간과 관계맺기를 통해 의미를 생산하고, 소비 수 있는 인간적 능력을 가져야 한다. '장소감'이란 사람들이 장소에 대해 가지는 주관적이고 감정적인 애착을 의미한다.[10] 사진에 담긴 이들의 얼굴은 이들이 생활하고 살아가는 이문동에 대한 애정이 담겨 있다. 주민과 상인, 학생들의 사진은 이문동이라는 공간을 담아두는 시간의 받침대 역할을 한다.

이-푸 투안(Yi Fu Tuan)은 공간과 장소를 '움직임'과 '멈춤'으로 비유한다. 이-푸 투안에 따르면 우리는 장소의 안정성 덕분에 공간의 개방성, 자유, 위협을 알게 된다. 공간이 다양한 사회적 이유로 끊임없이 변형되는 움직임이라면, 수많은 공간의 변형과 수정 속에서도 빛이 바래지 않는 장소에 대한 의미부여는 멈춤에 비유할 수 있다. 공간이 물리학적 구체성이라면 장소는 고유한 기억의 저장소에 해당된다.[11] 끊임없이 변화하는 시간 속에서 함께 했던 한 시절을 추억하고, 공유하는 사진. 그것을 통해 자신을 둘러싼 장소를

---

10) Agnew, J., *The United States in the World Economy,* Cambridge University Press, 1987.

11) Tuan, Y., *Space and Place: The Perspective of Experience,* University of Minnesota Press, 1977.

기억하고, 의미있게 간직할 수 있는 소통은 멈춤을 통해 전달된다. <이문의 얼굴들> 촬영은 총 24명의 주민과 학생, 상인이 참여했고, 다큐멘터리 상영회 날 부대행사로 전시회를 개최했다. 작품들은 전시회가 끝난 후 사진 속 주인공들에게 선물과 함께 전달되었다.

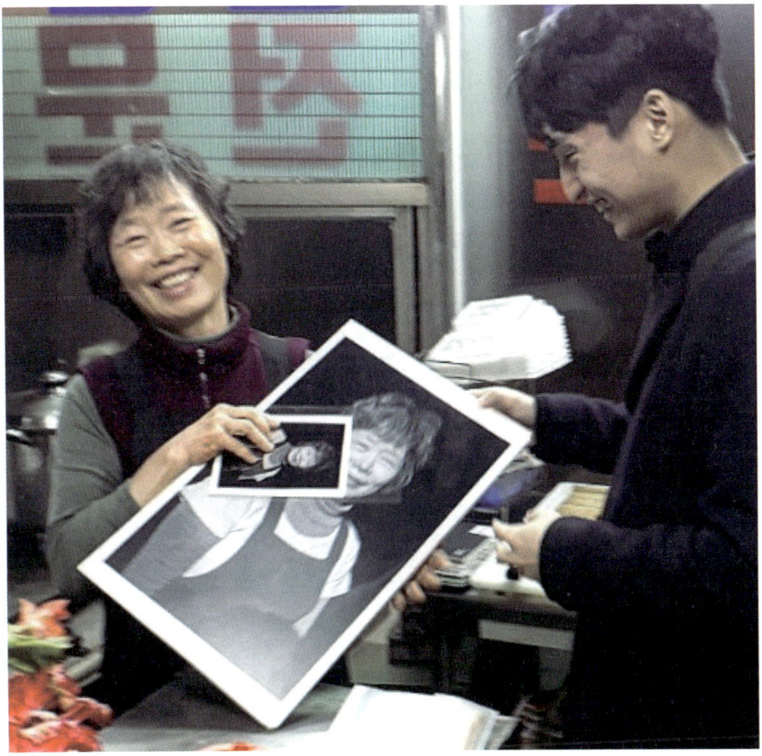

4. 문화지도의 가치 :
지역의 정체성과 브랜드를 강화시키는 소통

문화지도를 통한 공간탐사, 장소 매핑에서 가장 중요한 요소는 인문학적 상상력이다. 현재를 살아가는 우리들의 삶의 속도와 방향에서 누락되고 생략된 채 소리 없이 사라져가는 소중한 맥락들을 기억하고, 기록하는 작업이다. 타인의 삶에 공감하고, 함께 하는 연대감을 통해 현재의 삶을 지속가능하고 의미 있는 시간으로 만들어가는 것, 문화지도는 그것을 가능하게 해주는 관계망이고, 통로를 지향한다. 인문학적 상상력으로 공간을 바라본다는 것은 잠시 멈추어 서서 오롯이 그 공간 안에 머물러야 가능하다. 답사부터 취재, 섭외와 촬영, 글쓰기와 편집의 모든 순간에 지역에서 살아가는 주민과 상인, 학생들이 함께 해야 가능한 작업이다. 서로가 공간에 대해 갖고 있는 애착과 관심, 참여가 문화지도의 스토리와 확장성을 담보한다. 황현산의 말처럼 "기억만이 현재의 폭을 두껍게 만들어준다."[1] 우리가 함께 먹고, 자고, 울고, 웃으며 쌓은 시간의 깊

1) 황현산, 『밤이 선생이다』, 난다, 2012, p.204.

이만큼 우리가 사랑하는 장소의 소중한 추억들이 보다 오랫동안 우리의 곁을 따뜻하게 지켜줄 것이다. 디지털 시대, 지도는 삶을 번역하고, 공간을 매개하는 인문학적 사유와 실천의 도구로 진화하고 있다.

5. 컬처 매핑을 활용한 지역 활성화 참고 사례들

• 동네서점지도 프로젝트

문화예술위원회의 인문360 프로젝트로 기획된 동네 서점프로젝트다. 전국 각 도시의 동네 서점을 중심으로 문화공간들을 테마로 지도를 제작했다. 지역 상인들이 직접 제작에 참여했고, 테마 지도는 지역에 거주하는 아티스트가 그렸다.

• 스트리트H

2009년부터 홍대앞 다양한 문화공간을 지도 위에 매핑해 온 디자인스튜디오 203이 발간하는 동네문화잡지이다. 홍대앞 공간과 그곳을 무대로 살아가는 사람들, 그리고 그들이 만들어낸 문화를 기록한다.

• 안녕, 둔촌주공아파트

서울시 강동구에 위치한 둔촌주공아파트의 마지막 2년을 기록한 프로젝트. 아파트가 고향인 도시인들에게 따뜻한 둥지가 되어 준 아파트 마을에 대한 추억을 사진과 글, 영상으로 차곡차곡 담았다.

• 사운드 오브 서울

사운드 디자이너인 전광표 감독이 자신의 고향 서울의 오래된 소리들을 채집하여 디지털 지도에 매핑했다. 장소를 클릭하면 그곳의 고유한 소리가 재생된다.

• 통영 예술지도

지역서점 남해의 봄날에서 3년간 기획하고 제작한 통영 예술인 지도. 통영 출신 예술가들의 생애와 그들이 활동했던 무대, 예술의 향기가 담겨 있는 테마지도다.

참고문헌

1. 국내 문헌(번역본 포함)

김기홍, 「디지털 문화지도의 인식론적 함의」, 『현대유럽철학연구』 제46집, 2017.

김종혁, 「디지털시대 인문학의 새 방법론으로서의 전자문화지도」, 『국학연구』 제12집, 2008.

데니스 우드, 『모든 것은 노래한다』, 정은주옮김, 프로파간다, 2015.

마르틴 하이데거, 『강연과 논문』, 이기상·신상희·박찬국 옮김, 이학사, 2008.

미켈 마론, 「오픈소스, 지도에 보이지 않는 지역을 찾아라」, 『무엇이 우리는 진화하게 하는가?』, 서울디지털포럼사무국, 2013.

박치완·김성수·조소연 외 『글로컬문화콘텐츠, 어떻게 그리고 왜?』, 한국외국어대학교출판부, 2009.

수도권광역경제발전위원회, 『수도권 광역경제권 장기발전구상 및 추진전략 연구』, 2010.

스티븐 컨, 『시간과 공간의 문화사』, 박성관 옮김, 휴머니스트, 2004.

신정아, 「로컬콘텐츠 기획 및 제작 방안 연구」, 『글로벌 문화콘텐츠』 제33호, 2018.

아서 제이 클링호퍼, 『세계지도에서 권력을 읽다』, 이용주 옮김, 알마, 2007.

울프 스트로마이어, 「프스트 구조주의」, 박경환 옮김, 데이비드 앳킨슨 외 『현대 문화지리학 : 주요개념의 비판적 이해』, 논형, 2011.
이광호, 『지나치게 산문적인 거리』, 난다, 2014.
정기용, 『감응의 건축』, 현실문화, 2011.
케리 스미스, 『예술가들에게 슬쩍한 크리에이티브 킷 59』, 신현림 옮김, 갤리온, 2015.
팀 크레스웰, 『장소』, 심승희 옮김, 시그마프레스, 2012.
하름 데 블레이, 『왜 지금 지리학인가』, 유나영 옮김, 사회평론, 2015,
한영주, 『글로벌 경쟁력 강화를 위한 수도권광역경제권 정책의 방향과 대응과제』, 서울시정개발원, 2009.
황현산, 『밤이 선생이다』, 난다, 2012.
KBS <문명의 기억, 지도> 제작팀, 『문명의 기억, 지도』, 중앙북스, 2012.
Cresswell, T., 『지리사상사』, 박경환·류연택·심승희·정현주·서태동 옮김, 시그마프레스, 2015.
P. Vidal de la Blache 지음, Emmanuel de Martonne 역음, 『인문지리학의 원리』, 최운식 옮김, 교학연구사, 2002.

2. 국외 문헌

Abbot, J. et. al., "Participatory GIS: opportunity or oxymoron?", *PLA Notes*, Issue 33, IIED London, 1998.
Agnew, J., *The United States in the World Economy*, Cambridge University Press, 1987.
Chief Kerry's Moose 컬처매핑(: http://fngovernance.org/resources_docs/Land_Use_Occupancy _Mapping_Guidebook.pdf
Christina Ortega Nuere, Fernando Bayón, "Cultural Mapping and Urban Regeneration: Analyzing Emergent Narratives abou Bilbao", *Culture and Local Governance*, 5(1-2), 2015.
Clark, I., Sutherland, J. & Young, G. (1995). Mapping culture: a guide for cultural and economic development in communities, Communication

presented at the Cultural Mapping Symposium & Workshop, Adelaide, Australia. www.unescobkk.org/culture/diversity/culturalmapping/ [4 May 2014].

Court, S. & Wilesuriya, G., "People-Centred Approaches to the Conservation of Cultural Heritage: Living Heritage", ICCROM(International Centre for the Study of the Preservation and Restoration of Cultural Property), 2015, 문화재산의 보존과 보전을 위한 국제연구센터 자료집, http://www.iccrom.org/wp-content/uploads/PCA_Annexe-2.pdf.

Evans, G., & Foord, J. "Cultural mapping and sustainable communities: Planning for the Arts revisited", *Cultural Trends*, 17(2), 2008.

Farman, J., "Mapping the digital empire: Google Earth and the process of postmodern cartography", *New Media Society*, 12, 2010.

Fisher, A., "Google's Road Map to Global Domination", 미국 일간지 <뉴욕타임즈> 인터넷판 기사, http://www.nytimes.com/2013/12/15/magazine/googles-plan-for-global-domination-dont-ask-why-ask-where.html. 접속일: 2017.05.11.

Freitas, R., "Cultural mapping as a development tool", *City, Culture and Society*, 7, 2016.

Friedman, T. L., *The Lexus and the Olive Tree*, Anchor Books, 2000.

Garfield, S., *On the Map: A Mind-Expanding Exploration of the Way the World Looks*, Gotham Books, 2013.

Greater London Authority, "City of London Annual Monitoring Report 2009/10", 2011.

Greater London Authority, "Embedding Shared Diversity", 2009.

Greater London Authority, "The London Plan: Spatial Development Strategy for Greater London", 2011.

Haraway, D., "Situated knowledges: the science question in feminism and the privilege of partial perspective", *Feminist Studies*, 14, 1988.

Harley, J. B., "Deconstructing the map", *Cartographica*, 26. 1989.

Harley, J. B., "Text and Contexts in the Interpretation of Early Maps", in J.

H. Andrews (ed.), *The New Nature of Maps: Essays in the History of Cartography*, Johns Hopkins University Press. 2001.

Innis, H., *The Bias of Communication*, University of Toronto Press, 1952.

Jones, P. & Evans, J., *Urban Regeneration in the UK: Boom, Bust and Recovery*, 2013.

Lee, D. & Gilmore, A., "Mapping cultural assets and evaluating significance: Theory, methodology and practice", *Cultural Trends*, 21(1), 2002.

Lefebvre, H. *The Production of Space*, Blackwell Publishing, 1991.

Livingstone, D., *The Geographical Tradition: Episodes in the History of a Contested Enterprise*, Blackwell, 1993.

Louden, R. B., *Kant's Impure Ethics: From Rational Beings to Human Beings*, Oxford University Press, 2000.

Mayor of London, "The Cultural Metropolis ; the Mayor's Cultural Strategy - 2012 and Beyond", 2011.

Mayor of London, "Convergence Framework and Action Plan 2011 – 2015", 2010.

Paganoni, M. Cristina, "City Branding and Social Inclusion in the Glocal City", *Mobilities*, 7(1), 2012.

Peirce, C. S. "New Elements", in Peirce Edition Project (ed.), *The Essential Peirce: Selected Philosophical Writings* 2, Indiana University Press, 1998.

Peter Roberts, "The Evolution, Definition and Purpose of *Urban Regeneration*", in Peter Roberts, Hugh Sykes and Rachel Granger(Eds.), Urban Regeneration (2nd Edition), SAGE, 2017.

Smith, N., *American Empire: Roosvelt's Geographer and the Prelude to Globalization*, University of California [Berkley] Press, 2003.

Southern, A., "'Regeneration' in a time of austerity will mean the death of this metaphor, but what will come next?", *Journal of Urban Regeneration & Renewal*, 6(4), 2013: Keynote speech, Clark, Sutherland & Young 1995. Cultural Mapping Symposium and Workshop, Australia.

Sutherland, C. & Young, Keynote speech, Cultural Mapping Symposium and Workshop, Australia, 1995.

Taplin, J., "Is It Time to Break Up Google?, 미국 일간지 <뉴욕타임즈> 인터넷판 기사, 2017.4.22, https://www.nytimes.com/2017/04/22/opinion/sunday/is-it-time-to-break-up-google.html. 접속일 2017.05.11.

Taylor, K. & Cook, I., *A Contemporary Guide to Cultural Mapping*, An ASEAN Australia Perspective. Jakarta: ASEAN, 2012.

Tobias, Terry N, *Chief Kerry's Moose: A Guidebook to Land Use and Occupancy Mapping, Research Design and Data Collection*, Union of BC Indian Chiefs and Ecotrust Canada, 2000.

Tuan Yi-Fu, *Space and Place: The Perspective of Experience*, University of Minnesota Press, Minneapolis, 1977.

Wilding, M., "Plans to outsource council heritage work come under fire from experts", 영국 <가디언> 인터넷판 기사, http://www.guardian.co.uk/local-government-network/2012 /sep/ 07/outsource-conservation-officer-private-sector?INTCMP=SRCH. 접속일 2013.03.08.

3. 기타

인터넷 사이트

이문동 관련 사이트

브런치 에세이 https://brunch.co.kr/@imun-society/

오픈지도 http://alertsky3.wixsite.com/imun

인스타그램 https://www.instagram.com/imunmaps/

유튜브 채널 https://www.youtube.com/channel/UC8Ou75T26Awz-CdshO6Ql6w

페이스북 페이지 https://www.facebook.com/HUFSmuncon

기타 사이트 http://www.bloter.net/archives/182751

색인

ㅊ

ㅋ

ㅌ

ㅍ

ㅎ

로컬콘텐츠와 컬처 매핑

초판 인쇄 2019년 1월 4일
초판 발행 2019년 1월 11일

지은이 박치완 · 김기홍 · 신정아
발행인 김인철
총괄 · 기획 가정준 Director, University Knowledge Press
편집장 신선호 Executive Knowledge Contents Creator
도서편집 박현정 Contents Creator
전자책편집 이리나 e-Contents Creator
재무관리 강현주 Managing Creator
사전 · 출판 정준희 Contents Creator
마케팅 파트장 백승이 Chief Marketing Creator
마케팅 이현진 Marketing Creator
발행처 한국외국어대학교 지식출판콘텐츠원
02450 서울특별시 동대문구 이문로 107
전화 02)2173-2493~7
팩스 02)2173-3363
홈페이지 http://press.hufs.ac.kr
전자우편 press@hufs.ac.kr
출판등록 제6-6호(1969. 4. 30)
디자인 · 편집 디자인퍼브 02)2254-4308
인쇄 · 제본 네오프린텍 02)718-3111

ISBN 979-11-5901-436-9 03300 정가 23,000원

*잘못된 책은 교환하여 드립니다.

HUiNE은 한국외국어대학교 지식출판콘텐츠원의 어학도서, 사회과학도서, 지역학 도서 Sub Brand이다. 한국외대의 영문명인 HUFS, 현명한 국제전문가 양성(International +Intelligent)의 의미를 담고 있으며, 휴인(携引)의 뜻인 '이끌다, 끌고 나가다'라는 의미처럼 출판계를 이끄는 리더로서, 혁신의 이미지를 담고 있다.